私が実際に保有している新築物件

1棟目 ● 木造3階建8戸 [平成24年1月築]

イメージパース

完成後の外観

2棟目 ● 木造2階建10戸 [平成25年6月築]

イメージパース

モデルルーム

完成後の外観

3棟目 ● 木造2階建12戸 [平成25年9月築]

イメージパース

完成後の外観

モデルルーム

4棟目 ● 鉄骨造5階建15戸 [平成26年5月築]

イメージパース

完成後の外観

モデルルーム

\買うだけ、かんたん!/

主婦の私でもできた 月収130万円「新築アパート」投資法

五十嵐未帆

ダイヤモンド社

はじめに

あなたの代わりに24時間365日、お金を生み出してくれる不動産

こんにちは！

本書を手に取っていただき、ありがとうございます。

私は、現在、小学生と保育園に通う3人の子どものママですが、新築の不動産を4棟45部屋を持つ、不動産投資家でもあります。

女性なのに、不動産投資？　それも借金をして、4棟も購入しているなんて……と、思う人も多いでしょう。

確かに、ふだんお付き合いしている友人に面と向かって告白したら完全に引かれてしまうかもしれません。

でも、不動産投資に興味のある方ならご存知だと思いますが、不動産は「自分の代わりに働いてくれて収入をもたらしてくれるもの」です。そして自分の代わりに24時

間365日働いてお金を生み出してくれます。借金を背負うということに、躊躇《ちゅうちょ》する方も多いかもしれませんが、貸してくれる側の銀行は、資産価値のある不動産に担保を付け、ちゃんと「返せる人」にしかお金を貸してくれません。

ですから、きちんと勉強することで、**お金を返せないリスクよりも安定収入がきちんと入ってくるメリットのほうが大きくなる**と思っています。実際に私も不動産投資を始めたことで、忙しかった仕事を辞め、今は専業大家さんとして毎日が充実しています。

振り返ってみれば、私は3年前、年の近い3人の子どもを抱えて、小さな会社の財務コンサルタントとして忙しく働いていました。

育児をされている方ならわかると思いますが、仕事と家庭の両立は本当に大変で、子どもが小さかったこともあり、あの頃はいつも時間がなくて走っている記憶しかありません。

ハードワークだったこと、そしてあの東日本大震災を経験したことで、「もっと子どもを大切にしたい」「ゆとりを持った生活がしたい」と思ったことが、本格的に不動産投資を目指すきっかけになりました。

現在は、中古よりも「新築不動産」の購入がおすすめ!

そもそも、私が不動産投資の世界に足を踏み入れたのは、突然の事故で亡くなってしまった父の物件を相続したことでした。右も左もわからず、さらに20代で子持ちの女性だったにもかかわらず、築30年以上という、いわゆる「築古物件」を相続してしまい、管理や修繕、クレームなどで本当に苦労しました。

また築古以外にも、地方に建つ、高利回りのRC(鉄筋コンクリート造)の物件などの購入も経験したのですが、そこでもさまざまなトラブルを経験しました。

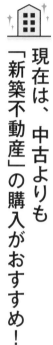

詳しい内容は本書でお伝えしていきますが、私はそんな失敗を経て、今、収益不動産を購入するなら、中古よりも、新築物件の購入・運営のほうが手間がかからず、はるかに魅力的だという結論に至りました。実際に私が現在、所有している物件は5棟ありますが、そのうちの4棟が「新築不動産」であり、残り1棟も大規模なフルリノベーションをして新築同様に生まれ変わった物件です。

ただ私がおすすめするのは、新築物件とはいってもワンルームマンションなどの

「区分」投資でなく、1棟もの。1棟4部屋とか8部屋とかの、集合住宅です。ワンルーム、ファミリータイプ含め「区分」所有は、空室か満室かのどちらかしかないですし、手取りが少ないので、ある程度の収入を得たいと考えている方は1棟ものをおすすめします。

私は、その新築物件の中でも、木造の新築アパート1棟もので、さらに市場に出回る前の「未公開物件」を狙って購入しています。それは特定の売買の不動産仲介だけが握っている物件ですから競争率は高いのですが、すぐに現地に確認しにいく、手取り額をシミュレーションするなどスピーディーに行動する、かつ自分がその物件で借入がいくらできるか金融機関にすぐに打診できる関係性を築いておけば、購入できるチャンスがあります。本書ではその情報をどうやって取得するか、そして購入するためのノウハウなど、再現性の高い方法でご紹介しようと思っています。

ところで私は、女性不動産投資家・女性大家さんのための交流会「エレガントオーナーズ」を主宰しています。

女性大家さんの会というのは、「女性限定」で月1回、集まって、勉強会をしたり、情報交換をしているもので、特に入会金も取っておらず、大家さんを志す方であればどなたでも参加できる気軽な会です。

また参加者全員が不動産投資の経験があるわけではなく、物件は未購入でも興味がある方や、相続して大家業を営む方、そして年齢も20代から60代まで、さまざまな方がいらっしゃいます。

私は、不動産投資を始めてから自分一人で誰に相談することもできずに頑張る中で、一緒に頑張れる同性の仲間がいたらいいのに……と常々思っていました。

それは不動産投資をしているのは男性が多く、セミナーは、子育てする者にとっては参加の難しい土日や平日夜のことが多く、頑張って参加しても女性があまりにも少なく、相談できる相手がいなかったからです。

そこで、女性同士が気軽にランチをしながら主婦業や育児の話もしつつ、不動産投資について情報交換や勉強できる場を設けたくて、会を立ち上げたのです。

２０１３年7月からスタートしたのですが、あっという間に大きくなって、現在の会員数は１３０人超。首都圏にお住まいの参加者が多いですが、石川県や徳島県など遠方から参加してくださることもあります。それほど、女性でも不動産投資に興味をもつ人がふえてきたのを実感しています。

私はそんな女性の方たちや、男性でも本業が忙しい方で不動産投資を考えているなら、ぜひ新築物件も検討してほしいと思っています。新築物件は購入さえできれば、本当に手間がかからないので、子育てに忙しい女性や仕事が忙しいサラリーマンには特におすすめです。そして「買うだけ」でお金を生み出してくれるのです。設備は最新ですし、新築物件の完成に立ち合うのは本当にわくわくします。自分はオーナーであり、入居はしないのですが、ピカピカの新居をみると、ちょっとくらいなら住んでもいいかも……なんて思ってしまうくらいです。

もちろん、すべての物件が優良というわけではありませんし、それなりに注意点があります。しかし、新築について勉強したいと思っても、販売されている書籍は、主に物件を売る側の会社が書いたものが多く、いいことしか紹介されていないことも多いのが現実です。

そこで私は、実際に新築不動産を購入し、財務コンサルタントでもあった自分の経験を通して、一個人投資家であり中立な立場で**不動産購入の入門書、それも未公開の新築不動産購入に絞ったもの**をわかりやすく書きたいと思いました。

「投資」と聞くと、失敗したらどうしようと不安に思う人もいるかもしれません。

でも、大丈夫です。返済額がいくらなのか、売却したら手取り額はいくら得られるのかなど購入前にきちんとシミュレーションをしておけば、株のように短期間で乱高下する性質の投資ではないので、おおよそシミュレーションの数字に沿って推移してくれます。それにリスクは、予想して備えておけばそんなに恐れることはないのです。

本書は不動産投資がまったくの初心者でもわかるように丁寧にお伝えしています。「私にもできるかもしれない」と思い、不動産投資を身近に感じていただけたら、こんなに嬉しいことはありません。

五十嵐未帆

『主婦の私でもできた月収130万円「新築アパート」投資法』目次

第2章

忙しい人や副業で大家さんを考えるなら、断然、手のかからない新築アパート！

第3章 初心者必見！ お金を生み出す新築アパート購入法 …… 85

第4章 すぐできる！未公開物件を手に入れるノウハウ……141

第5章

新築アパートで失敗しない、シミュレーションと融資

第6章

私の購入した新築物件

第7章 新築物件をすぐに満室にするテクニック

第1章

3人子持ち主婦の私が「新築アパート」を購入した理由

父親の急逝で、20代で突然大家に！

私の「未帆」という名前。

「帆」の字を使っているのは珍しいと思いますが、ヨット好きだった父が命名してくれました。その父が、2005年12月、大好きなヨットに乗って事故に遭い、まだ62歳という若さで亡くなりました。

父はサラリーマンでしたが、株や不動産投資などに興味のある人で、私が幼い頃に東京と川崎にアパートを購入して運用していた、いわゆる「サラリーマン大家」でした。

といっても、父は不動産のことを家族に詳しく話していなかったので、私の認識は、「いつか、父の不動産を相続するんだろうなぁ」程度。それでも私自身は、大学時代に商学部で簿記や財務諸表などを学び、簿記1級を取得していました。また、社会人として経理の職に就いてからも、会社の業務とは別にファイナンシャルプランナーの資格を取得していました。

でもまさか、こんなに早く亡くなるとは思っていませんでした。当時の私は、父が亡くなる2か月前に第一子である長女を出産したばかり。初めての子育てでそれだけでも精一杯のなか、産後2か月で在宅で職務に復帰。復帰してすぐに祖父が亡くなり、さらにその2週間後に父が事故で亡くなり、相続の手続きに追われたのです。

あの時期は、これまでの人生の中でも激動期。赤ちゃんを授かり幸せの絶頂だったはずが、不幸のどん底に叩き落とされました。

悲しみにひたる間もなく、まったく整理されていない父の書類をひっくり返しては、資産の把握に四苦八苦。相続手続きは非常に手間がかかりました、本来であれば、専門の方たちにお願いするところですが、銀行に依頼すると1件につき100万円以上、税理士さんに直接お願いしても最低でも50万円はかかると聞かされ、「それはもったいない！　ここは勉強だと思って自分でやるしかない」と考えたのです。

そう決意してから、子どものゆりかごを揺らして寝かしつけながら、パソコンで仕事をし、相続手続きを進め、子どもを抱っこして法務局に出かけては物件の所在を調べたり、登記手続きをするなど慌ただしい日々を過ごしました。

そして、そのまま、半ば強制的に大家さんという立場になりました。

今、振り返れば、私が、不動産投資を始めた原点はここにあります。

急逝した父の築古物件を受け継いだおかげで思わぬ形で大家になって、なにより不動産を持っていることで、お金が入ってくるしくみが自然と理解できたこと、それが自分にとって、今後、どういう生き方をしていきたいのかを考えさせてくれるきっかけになったからです。

ボロ物件のデメリットを実感する

今でこそ、不動産投資に目覚めたきっかけを作ってくれた父に感謝していますが、相続で受け継いだときには、デメリットしか感じていませんでした。あまりに古く、メンテナンスされていないボロ物件だったからです。

ずっと専業主婦の母、パティシエの妹、大学生の弟にいきなりアパート経営ができるわけもなく、必然と経理会計の仕事に携わり、相続に備えてきた長女の私がそのアパートを管理することになりました。

収益物件をもらったとはいっても、築30年の見た目からボロ物件。これからどうすれば……という不安が大きく、嬉しい気持ちはあまりありませんでした。それよりも、突然大家になった私は、いかに物件を管理していくか。そのことで頭がいっぱいだったのです。

物件を買ったら当然ながら管理が必要になります。物件を管理する方法は、大きく分けて、**自分ですべてを管理する「自主管理」と、手数料を払って管理会社に頼む「委託管理」**の2つがあります。

父は、自分で管理する自主管理方式でした。自主管理とは、家賃の滞納のチェックや催促、アパートの共用部分の掃除、壊れた部分の修繕管理などの日常業務から、空き部屋を埋めるために募集のお願いを不動産会社にしたりと、要は物件に関わる管理全般を自ら行うものです。

一方、委託管理は、今述べた管理のすべて、あるいは一部を手数料を支払うことで管理会社にお任せできます。

「手数料を取られるのはイヤだから、自主管理で頑張る」という考えもありますが、まったく初めてアパート経営するのであれば、慣れないうちにすべてを自分で管理するのはかなりの負担だと思います。

また、物件が多くなれば、自主管理は物理的に不可能になるので、管理会社にお任せする必要が出てきます。

私の場合、父と同様に自主管理することになったアパートは、築古ゆえ、お客様に一度退居されると次の借り手がなかなか見つかりません。

また修繕も多く、そのたびにまとまったお金もかかり、それらのクレーム対応も大変でした。

入居のお客様からは、「水道の調子が悪い」「トイレが詰まってしまった」「台風で雨漏りがする」などの電話がしょっちゅうかかってきます。

築30年超えの物件で、サラリーマンの副業として管理していた物件でしたから、しっかりと修繕されてなかったのかもしれません。自分の携帯電話に頻繁に着信があり、また、いつ電話がかかってくるかわからないという精神的なストレスもありました。

そして、何より苦情の電話がかかってくるたびに、自分ではその状況がよくわからず、相談できる人もいなかったので、ネットで水道業者、トイレの工事やリフォームをしてくれる会社を探さなければなりませんでした。

緊急を要する電話も多く、子育て、仕事に加えて、煩雑な大家業の大変さを実感する日々。結局それは3年も続きました。

不動産屋さんの対応で「大家の自覚」ができた！

そんな大変だったのであれば、管理会社に任せてしまえばよかったのに、と思われる方も多いと思います。私も最初は自主管理という言葉さえ知らずに、父がお世話になっていた不動産屋さんを相談がてら訪ねてみました。

ところが、開口一番、「あのボロ物件じゃ、お客さんなんてつかないよ」と、いきなり突き放されてしまいました。

修繕についても、「こちらでは対応できませんね。あなたのお父さんは、自分でなんとかしてたけど」とけんもほろろな対応で言われてしまったのです。

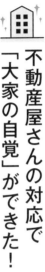

地元で何十年もやっている不動産屋さんの中には、昔ながらの慣習や、テリトリー意識が強い業者さんもあります。特に男性社会の不動産業界で、赤ちゃん連れのママである私を「若い女のくせに」とか「不動産のことなんて何も知らないのに物件を持つなんて」という気持ちが少なからずあったのかもしれません。

今思えば残念な対応でしたが、父が亡くなり、不動産屋さんからは見放されたことで、「大家さん」として自分がしっかりやっていかなければという覚悟を促すきっかけになりました。

2人目が生まれたのを機に、管理会社へ委託管理

結局、自主管理から委託管理に切り替えたのは、大家になってから3年後の2008年です。ちょうど2人目が生まれて、子育てしながら、自主管理しながら、しかも財務コンサルタントとして会社勤めもしながらだったので、肉体的にも精神的にも時間的にも無理だと思ったからです。

以前、相談した不動産屋さんには遠まわしに「おたくの物件は古すぎて預かりたくない」と言われていましたし、高圧的な態度の割には部屋を埋めてくれる対応もないので、自分でネットを検索し、マッチングサイトを利用して、新しくお願いする管理会社を探しました。

そして何かあればすぐに対応していただけるようにと考えて、物件にほど近い管理会社にお願いすることにしました。

通常、委託管理の相場は、家賃収入のだいたい5%です。

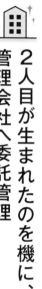

でもそこの管理会社は、通常の5%ではなく7%の手数料を支払うプランがありました。7%支払えば、水道の水漏れ、トイレが詰まったなど通常範囲内の修繕費用なら、その中でまかなってくれるプランだったため、私は迷わずそれを選びました。

築古物件は、あちこちで細かな修繕が必要になります。

川崎にあったその物件は、6戸で家賃が約5万円でした。単純計算で5万円×6部屋＝30万円の家賃収入です。このうち7%の手数料だと2万1000円、5%の場合と比べると6000円ほど高いのですが、その費用や手間など含めて6000円で対応してもらえるなんて、おトクなぐらいだと思ったのです。実際、そのプランを選んで大正解でした。

こうして、日々のちょっとした修繕の対応もなくなり、さらに家賃の滞納などが発生した場合に、入居者へ催促の電話をする必要もなくなって、作業的にも精神的にも、本当に楽になりました。これも、自主管理を経験したからこそ、わかったことです。

そして、こういった**手間やストレスがなくなると「収益不動産のメリット」が次第に実感できるようになってきたのです。**

自分の給料と、家賃収入が同じ金額という事実に気づき愕然《がくぜん》

こうして古い物件の管理を細々と続けていた私が、「本格的に不動産投資をやろう！」と決めたのは２０１１年。きっかけは東日本大震災でした。

先ほど少し触れましたが、長女が生まれて父の相続で大家になってからも、財務コンサルタントとして会社で働いていました。

それは、２００８年に長男を、２０１０年に次女を出産しても続きました。社長夫婦と正社員は私しかいない職場でしたから、可能な限り在宅で仕事をさせてくれるなどすごく配慮してもらいました。ふつうの会社員よりも恵まれた環境だったとは思いますが、限界を感じ始めたのが、３人目の子どもが生まれた頃からです。

クライアントも増えて、打ち合わせで出かけなければいけない日が多くなり、時間が拘束されるようになったのです。

夫と手分けして子どもを預けて会社に行って、帰りがけに子どもを引き取って、家に帰ったらすぐに夕飯の支度。そのあとお風呂に入れて寝かしつけてから、終わらない仕事をすることもありました。あの頃は、いつもバタバタと走っていた記憶しかあ

りません。電車の乗り換えもいつも駆け足、お迎えが遅れると保育園の先生に頭を下げて……。働く母はみんなそうかもしれませんが、本当に余裕もなく慌ただしい日々でした。

3人も子どもがいると普段の生活も忙しいのですが、病気になるとさらに大変です。たとえば1人がインフルエンザにかかると1週間は自宅待機になるし、その後、残りの2人が、必ずといっていいほど順番にインフルエンザになるのです。そして最後は自分も感染……。こうなるとほぼ1か月、仕事ができなくなってしまいます。子どもがいるってそういうことなのですが、会社やクライアントに迷惑をかけているという気持ちがいつもどこかにありました。

そして、一生懸命働いてもそんな気持ちからお給料アップの交渉もできない状況。

そんなある日、突然、ハタと気づいたんです。

あれ？　私のお給料と、家賃収入って同じ金額……!?

当時の私のお給料は時短勤務で減額されていたため約30万円。家賃収入は、先ほども述べた通り、管理会社への手数料を引いても約28万円。ほぼ同じぐらいです。

なんで今までわからなかったんだろう！

そのときまで大好きな仕事と子育てで突っ走ってきて気づかなかったのですが、衝撃的でした。

私が子育てしながら四苦八苦して、東奔西走して得られたお給料と同じ金額が、何もせずとも毎月入ってくる……。

そこで初めて、昔、本で読んだ「資産に働いてもらう」ってこういうことだったのか！　と、不動産を持っているメリットを実感したのです。


父から受け継いだ物件は、ローンも終わっていたので家賃収入が丸々残ります。**同じように、私の収入くらいの家賃収入がある物件を買うことができたら、私は働かなくてもすむかもしれない。**そう思ったのです。

そんな話をしたところ、主人からも「相続した物件を担保に新しい物件を買うとか、さらに価値のあることに変えられるかもしれないよね？」と言われたことも、「不動産投資をやってみよう」と思うきっかけになりました。

そこで、2011年に入ってすぐ、不動産投資について学ぶために本を買い込んで勉強を始めました。2か月ぐらいかけてだいたいたいの知識も身に着いたので、実際に物件の見学にも行ってみました。

その矢先に、東日本大震災が起きたのです。

東日本大震災を きっかけに〝専業大家さん〟を決意

東日本大震災の当日、私は会社で仕事をしていました。すぐ電車が再開するだろうと思ったら全然動かなくて、結局、0歳の一番下の子を迎えに行けたのが、夜中の2時になってしまいました。

「建物に入ると危ないから」という理由で、一時は保育園の外で先生と待機したりと、夜中まで私を待っていたわが子。もちろん先生にも感謝しましたが、とても寒い日だったのに、こんなに小さい子にかわいそうなことをしてしまったと申し訳ない気持ちでいっぱいになり、顔を見た途端「ごめんね、ごめんね……!」と話しかけながら、思わず泣いてしまいました。

そして、このとき、強く思ったのです。

「これからは、もっと家族を大切にして生きていきたい」と。

3人の子育てをしながらの会社勤めは、どんなに精一杯頑張っても、家族にも、会社にも、クライアントにも、何かしらの迷惑をかけてしまう。その思いが、「会社を辞めて、不動産投資で独立する」という決意につながったのです。

いざ、不動産投資を開始

収益不動産は、24時間365日休みなく働いて稼いでくれます。

自分が無理して働く時間を減らすことができ、その分、家族も自分も大切にできます。自由なお金と時間も生まれます。

実は、勤めている間も、ほかに副収入を得ようと株を買って損してしまったり、すぐに稼げそうな高価な情報商材を購入しては、なかなか結果が出ずに悩んだり……ということを繰り返していました。

それに比べると、不動産投資は手堅いと言えます。現物投資で確実なモノであるうえに、不動産賃貸業という、すでに収入を得られるスキームの整ったビジネス。つまり経営だからです。

経営という視点からみれば、財務コンサルタントという、今までの知識と実績を生かせる分野です。

本気で不動産投資に取り組んで、誰にも迷惑をかけずに一人で稼ごう！

覚悟が決まりました。

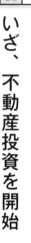

未来に向かって帆を上げる――。「未帆」という名にふさわしく、まさに、そのはじめの一歩を踏み出した気持ちになりました。

サラリーマンの妻だからこそできる、不動産ビジネス

目標が決まり、ここからの行動は早かったと思います。

会社を5月末で辞めることを伝え、時間を見つけては物件を探し、不動産会社を訪問しました。決まった給与所得があるというのは、銀行からみて安定性が高いため融資では有利に働きます。私は同じ会社で6年働いていたので、自分が会社員であるうちに物件を購入したいと思っていました。

しかし、東日本大震災後で不動産市況はまったく動かず、めぼしい物件も出てこない状況です。買えないことに焦る気持ちで過ごすある日、自分が会社員でなくなっても不動産を買い進められる方法を思いついたのです。

それは、今はもうみなさんご存知かもしれませんが、法人を設立して、専業主婦である妻を社長にする、という方法です。銀行はお金を貸すときに「世帯」で収入をみます。ですから、夫にきちんとした収入があり、安定した企業に勤めているといった

「属性＝社会的背景」がよければ、その妻が無職でもお金を貸してくれます。

クレジットカードなども、無職であれば新しく作成するのは難しいのですが、サラリーマンの妻であれば、専業主婦（無職）でも発行してもらえます。夫がサラリーマンだからこそ使える方法です。（ただし、夫が自営業だったり、不安定な職業であれば難しいです）。

幸いなことに私の夫は、安定したサラリーマンです。夫の信用や属性を利用させてもらえば、銀行はお金を貸してくれる。融資を受けられれば、不動産投資のビジネスは始められる！　そう結論が出たときに焦りは消えました。

当時は、不動産投資の本を読んで、銀行が融資を出してくれそうな不動産価値の高い物件さえ見つかれば融資は引ける、そう思っていました。

でも、その考えは甘かったのです。その後、結局、退職する5月末までには物件は購入できず、さらに自分で購入した一棟目は大失敗してしまいました。

不動産投資初心者にはハードルが高かった！
「高積算」「高利回り」「中古RC」の地方物件

２０１１年10月初旬、私が初めて購入した記念すべき物件は、中古の一棟もの、Ｒ

C（鉄筋コンクリート造）のマンションでした。

購入した中古マンションは、兵庫県K市。住んでいる川崎市から、新幹線を使って4時間と、だいぶ離れており、親族が住んでいるわけでもなく、土地勘もない関西の物件でしたが、銀行が融資の判断基準としている「積算価格」よりも、だいぶ安く売られており、利回りも高い物件だったのです。積算価格とは土地や建物の評価のことで、これが高いほど担保価値があるので、銀行などから融資が出やすくなります。

出会いは7月のある日。関西の売買の不動産仲介からこんな連絡をいただきました。

「兵庫県の物件なんですが、五十嵐さんだけにご紹介したいと思っています。知り合いの業者にしか流れていない非公開物件です」

実は、この1か月ほど前に、一度、新幹線の止まる兵庫県の西明石駅から徒歩5分という利便性の高い場所の物件を買い逃していました。

買いたい！　と手を挙げたときはすでに2本の買い付けが入っていて、結局購入できませんでした。

このとき知り合った不動産仲介が紹介してくださったのが、兵庫県K市の物件でした。

なんでいきなり兵庫？　と思いますよね。

不動産投資を始めた頃は、首都圏だけにエリアを限定して探していましたが、なかなかいい物件が見つからなかったため全国にエリアを広げて、いい物件があれば全国どこでもいいと思って探していました。

『楽待』『健美家』『HOME'S』『不動産投資連合隊』などの不動産投資サイトを見て探しましたが、兵庫にこだわったわけではなく、たまたま兵庫の物件だったわけです。

当時、私が物件選びの基準にしていたのは、主に「積算価値が高いもの」「RC（鉄筋コンクリート造）」「利回りが高いもの」でした。

なぜこれを重視していたかというと、不動産投資をしている人たちの間で〝バイブル〟になっていた不動産投資の教材がありました。積算の高いRCマンション、つまり銀行が融資をしやすい物件をどんどん買い進めていくという手法が紹介されていて、私もそれを参考にして資産をふやしていこうと思ったのです。

K市の物件はこんな概要でした。

場所　兵庫県K市 駅から徒歩4分

物件　RC（鉄筋コンクリート造）・平成元年築・5階建てエレベーター付き

図1－1
私が初めて購入したのは「高積算」×「高利回り」だった！

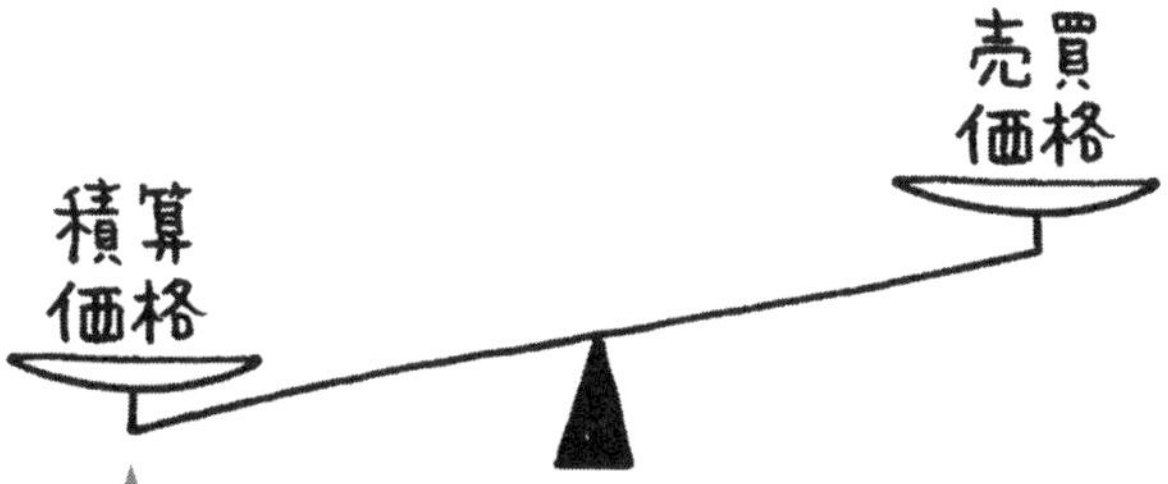

※積算価格とは、路線価や固定資産税評価額から計算した土地と建物の価値

利回りとは…物件から生みだされる収入の割合

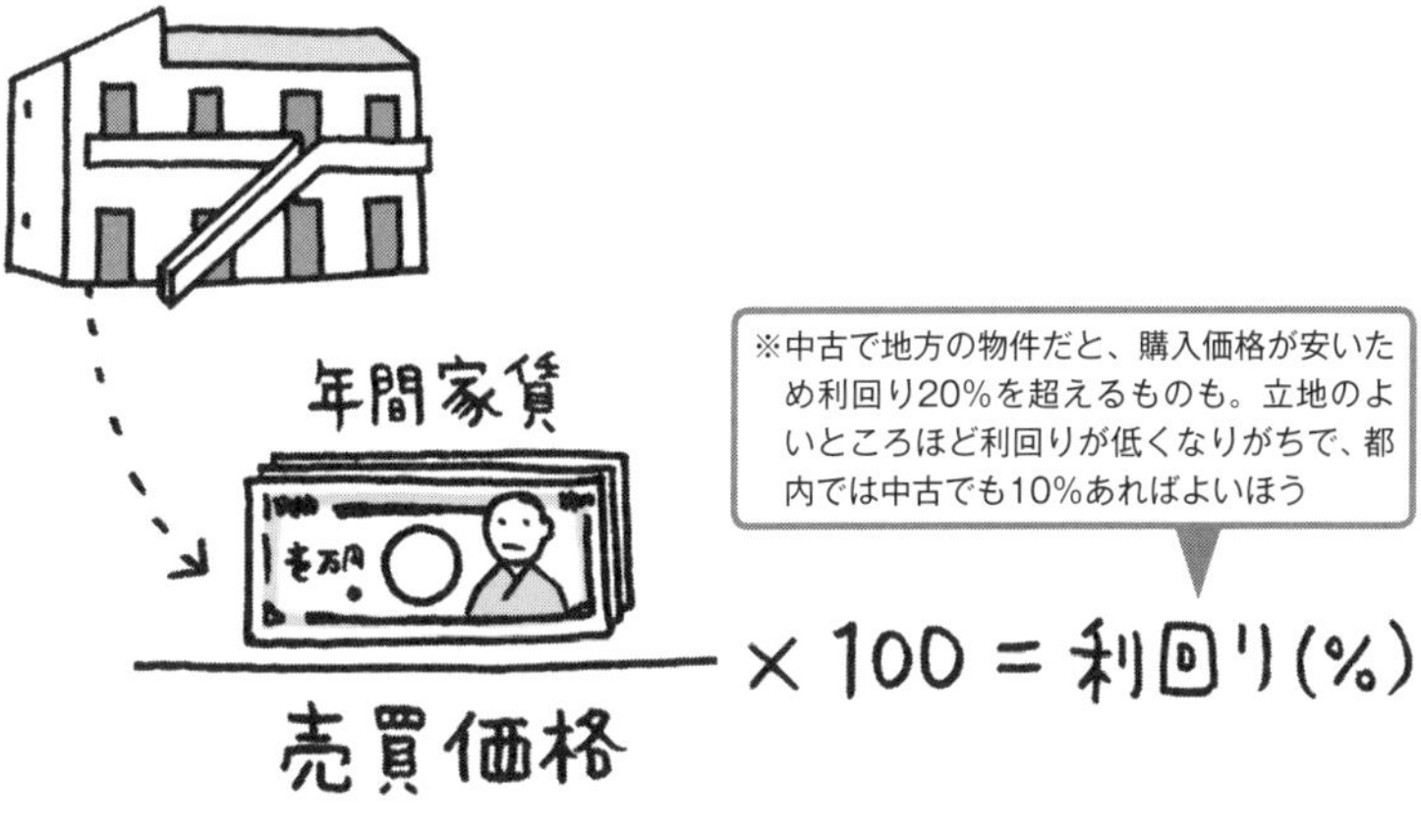

※中古で地方の物件だと、購入価格が安いため利回り20%を超えるものも。立地のよいところほど利回りが低くなりがちで、都内では中古でも10%あればよいほう

戸数　店舗×4戸、３ＬＤＫ×6戸
積算価格　1億円
物件売買価格　６５００万円
表面利回り　16％（満室時）

不動産の価値が1億円なのに、売買価格が35％引きの６５００万円。数字だけみたら、明らかにお買い得です。こうした〝おいしい〟物件は、用意ドン！　ですぐに決まってしまうことがあるので、この情報を聞いたときはスピード勝負だと思いました。

とにかく、まずはシミュレーションで収支を調べました。

どんな物件なのか、その詳細が書かれた「物件概要書」（マイソクともいいます）を確認し、「資金計画」（自己資金、借入金額、借入期間、借入金利など）をもとに、利回り、年間家賃収入、返済額、経費などをシミュレーションします。

K市の物件は、利回りも16％と高いので、物件価格６５００万円×16％＝１０４０万円。つまり年間家賃収入が１０４０万円になります。借り入れなども細かくシミュレーションをして、満室で回せれば手取り額は４７０万円以上と合格点だったため、連絡を受けたその日のうちに買い付け証明書をファックスしました。

「お買得」の裏には、それなりの理由があることも知らずに……。

買い付け証明書を書くということは、「私が買います！」と、物件購入の意思表示をすること。しかし買い付けを入れて終わりではなく、すぐに銀行へ融資の打診をしなくてはなりません。

なぜなら、**物件の購入は、買い付けを入れた順ではなく購入できることが確実な順に優先的に権利が与えられることが多い**からです。

買い付け証明書を書いた日の22時、不動産会社からO銀行の融資事前審査申込書を書くように言われました。

そこで23時に寝ている夫を叩き起こして「ごめん！　融資の事前審査申込書、自署だから書いてくれない？」と記入をお願いして、結局、24時にファクスを送信しました。

なぜO銀行だったのかといえば、銀行はエリア外の物件の融資は通常取扱いません。遠方に住む私でもK市の物件が取扱いできる銀行は、数行しかなく、その中でも自分が一番取り組みやすかったのがO銀行でした。

「境界」の確定ができない物件だった

でも、これだけスピーディーにやっても、残念なことに私は二番手でした。

ところが、1か月以上たった9月に入って、「K市の物件、五十嵐さんが一番手になりましたよ！」と連絡が入ったのです。なんでも、「一番手の方が境界を確定しろと言ってたのですが、お隣と連絡がつかず確定できなくて……。だから、五十嵐さんに順番が回ってきました」と説明されました。

境界とは、文字通り「土地の境い目」です。隣地との境界がどこになるのか明確にして境界確認書に関係者全員で署名押印します。ブロック塀で境界が区切られている場合、その厚みの何ミリから右（左）が自分の物件なのか明確にしなければなりません。

そのときの私は、なんで境界が確定できないんだろう？　と不思議に思い、同時に、なんで境界ぐらいで物件の購入をあきらめちゃうんだろう？　とも思いました。今だったら絶対に手を出さなかったはずですが、売買の不動産仲介からは「関西は境界確定されていない物件は多く当たり前。融資もつくので大丈夫！」、一番手が購入を辞退した理由を聞いても、「境界にこだわりがあった方みたいで……」と言われ、当時は買えずに焦る気持ちがあり、さらに買いたい気持ちが勝っていたこともあり、そんなに大問題ではないと思ってしまったのです。

境界が確定していないというのは、自分の敷地面積も確定されていないということです。たとえば、敷地面積に合わせて、建ぺい率、容積率いっぱいで建物を建てていた場合、実際の境界が自分の敷地へ大幅に食い込んでいた、つまり敷地が思っていたよりも狭かったというケースだと、建ぺい率や容積率オーバーの違法建築物件になってしまうこともあるような、実は怖い状況だったのです。

ふつう、物件でちょっとでも疑問に思うことがあれば、近隣の不動産会社に問い合わせるなどして、その物件や周辺環境について探りを入れるのは鉄則です。

私もそうしたかったのですが、このときの物件は、非公開物件。「物件の売買に関する情報は極秘なので、近隣業者には絶対に問い合わせないでください」と釘をさされていました。だから、物件が安全かどうか、聞き込みができなかったのです。

今でこそ、もう少し警戒していれば……と思いますが、初めての物件購入でしたし、そこまで頭が回りませんでした。

それに、物件は駅から徒歩4分、実際に見ると外観もきれいで、古いアパートしか持っていなかった私には、とても魅力的な物件に見えました。

自己資金が足りない！銀行のほかに公庫にも相談

「自己資金は、2割必要ですね」

O銀行に融資のお願いをしたところ、こう言われました。

地銀や信用金庫は遠方のため使えず、全国展開しているメガバンクも敷居が高くて自己資金は3割以上必要。全国の物件を扱っているS銀行は金利が高い。唯一利用できるO銀行は利回りから計算する収益還元評価なので、同じ兵庫県でも、三宮や神戸あたりまでなら利便性を評価され自己資金も1割で済んだのですが、少し中心地から遠くなるK市では自己資金が2割必要になるという説明でした。

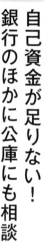

さらに現地確認の際、この物件を引き寄せるために間に入ってくださった方に300万円のコンサルタント料を支払う必要があることを聞かされました。6500万円と6800万円では利回りなどが違ってしまいます。が、結局、その金額は当初の物件価格6500万円の中で収められることになりました。

そして、O銀行ではコンサルタント料が差し引かれた6200万円の約8割、4950万円の融資が通ったのですが、この300万円のコンサルタント料を現金で払わなければならなくなったため、自己資金が足りない事態になりました。

「どうしよう……」

しかし、ここであきらめてもいられません。

財務コンサルタントをしていた経験から、資金調達の手段として、いろいろなクライアントが日本政策金融公庫(以後、公庫)から、事業資金を借りていたことを思い出し、私も挑戦してみることにしました。

公庫は、最初、不動産投資向けの物件資料だけを持って行ったときには、ほぼ門前払い。公庫は「投資」としてのお金の貸し出しは基本的にしていません。また

図1-2
諸経費だけで488万円!

物件価格+コンサル料	6500万円 (6200万円+300万円)
諸経費	488万円 (不動産取得税含まず)
	合計 6988万円
O銀行	4950万円
公庫	500万円
承継敷金	126万円
日割り家賃	64万円
自己資金	1348万円
	合計 6988万円

基本的に「投資＝資産運用」と考えるため快く思わないということを知らなかったのです。

そこで、改めて設備資金計画書などを書いて、事業として融資をお願いすることにしました。女性向けの「創業支援融資」を利用して「諸経費分のみの融資」の希望です。こうしてきちんと申請をしたところ、500万円の融資がおりました。法人を立ち上げて、不動産賃貸の事業としてきちんと成り立つことを説明したので、担保なしで借りることができました。

このK市の物件の資金内訳は、前ページ図1－2の通りになります。内訳を見ればわかる通り、諸経費だけで488万円もかかりました。諸経費というのは、売買の不動産仲介に支払う「仲介手数料」や、所有権を移転するための「司法書士報酬」「登録免許税（登記料）」などです。たとえば、仲介手数料は400万円以上の物件の場合、購入価格の3％＋6万円＋消費税という計算になります。また、登録免許税は購入価格ではなく、市町村が決めている「固定資産税評価額」に対してかかってきます。ですから、この場合のように、積算価格が高い＝固定資産税が高いと、それだけ諸経費も高くなります。

問題が次々に発覚！

融資は2か所から、そして諸経費も多くかかったK市のマンション。会社員を辞めて、初めて立ち上げた法人で、しかもまったく知らない土地での経営です。私はなんとか手に入れたこの物件で、自分なりにがんばって運営しようと思っていました。もう仕事も辞めてしまったし、後戻りできない、そんな決意だったのです。

しかし、思っていたほど、そううまく事は運びませんでした。いえ、逆に、オーナーになってから問題が次々と起こってきたのです。

まず最初は隣地の所有者です。

オーナーになってほどなくして退去者が出てしまい、その後、しばらく借り手がつかなかったため、自分でも空室をなんとかしたいと思いました。

この物件は、最寄駅から徒歩4分の立地でしたが、地方は車社会ですから、駐車場があれば借り手がつきやすいだろう、と考えて、管理会社に「お隣の空き地を駐車場として使えるように交渉できませんか」と相談してみたのです。

すると、「難しいですね……」と言われました。

「お隣の土地を持っている方は、その筋の方の遠縁みたいなので、お話はできないんです」。

その筋の方の遠縁……？

そのときの衝撃は忘れられません。そんな物件を購入してしまった、どうしようと胃が痛くなりました。お隣とは顔も合わせていませんし、隣地は、今のところ空き地です。でも、購入のときに判明している通り、境界の確定もできていませんから、今後、何か建物が建ったりしたら、ちょっとしたことでトラブルが起こるかもしれません。そして何より不安になったのは、この物件を売るときにも、そのことを知られたら購入したいと思う人がいるだろうか？　ということでした。

すぐに別の問題も浮上します。今度は、その物件を預けていた管理会社でトラブルが起こったのです。

私の物件の担当マネージャーが、会社ともめて管理部門の主要人物を率いて退社してしまったのです。遠方の物件はなにかと不安でしたが、そのマネージャーの方が信用できると思って管理をお任せしていたので、辞めてしまったことはかなりショックでした。

結局、その管理会社には若い新人しか残らず、予想通り空室もなかなか埋まりません。また、建物保守管理費が当初予定していた金額よりだいぶ多くかかってしまい、経費削減の交渉に日々追われていました。

そして、さらに追いうちをかける問題が発生します。

物件を購入して1年後、2012年に入ってから、マンションの大規模修繕の必要をその管理会社から指摘されました。見積りを出してもらったところ、その額1000万円以上……。

は？ 1000万円!?

目を疑いました。購入する前に、修繕費のことを売買の不動産仲介に尋ねたときは「せいぜい100万円ぐらいですよ」とのお返事で、何も知らずにそれを鵜呑みにした私が間違っていたのです。そもそもRC（鉄筋コンクリート造）の物件の修繕費がそんなに安いわけはないのです。

この物件は元の利回りが高いので、空室でも黒字でしたが、さすがに修繕費用が1000万円もかかってしまっては、完全に赤字です。

このように、いろいろなことが重なると、さすがに「これは、私が手に負える物件ではないかも……」と、危機感を抱き始めました。

物件が遠方にあることも心理的に負担になっていましたし、関東と関西ではアパートの敷金一つをとってみても、不動産の慣習がぜんぜん違うことも、不安要素でした。今ならまだ引き返せる、そう思った私は夫にも相談したうえで、「損をしてでもいいから、この物件は売却しよう」と決意しました。購入してからまだ1年のことでした。

買い手がついたのに白紙撤回！

売却を決意後、その年の２０１２年の秋、全国の物件売買を手がける売買の不動産仲介にこの物件を持ち込んで相談したところ、積算価格が高いためでしょう。ほどなく買い手がつきました。「ああ、よかった」とほっと胸をなでおろしていたところ、すぐに売買契約が撤回される〝事件〟が発生します。

買主さんは、地元の信金で融資を引こうとしていました。売買契約前の事前審査では希望の満額でＯＫだったはずなのに、売買契約後のローン審査で融資不可となってしまったのです。

その理由とは、境界確定できていなかった、例のお隣の方でした。

お隣の方は……その筋の方の遠い親せきではなく……さらに問題のある方だったの

です。それも、銀行が融資を翻してしまうくらいの！

結局、売買契約は白紙撤回、売買の不動産仲介も手を引くことになりました。この件で高積算・高利回りでお買得だった本当の理由を知り、私は最初から騙されていたんだ！　と悟りました。

そうとわかっても泣いているわけにはいかず、この事態をなんとか打開しなくてはなりません。悪条件も含めてすべての条件を開示して、物件の売却を違う業者さんにお願いするかたわら、何人かの弁護士の先生の無料相談に出かけたり、解決に向けて駆けずり回りました。

しかし、捨てる神あれば、拾う神ありです。諸問題を把握したうえで購入したいという方が現れたのです。地元の不動産投資家の方で、毎月3棟、4棟と買い進められているようなすごい方でした。プロに買っていただくなら私も安心です。

こうして、やっとのことで売却することができました。

もともと積算価格が高かったのと、少し不動産価格が上がってきている時期だったので、購入時よりも高く売れたのも幸運でした。もちろん売却のときにも諸経費はかかっているので、それを考えると売却益はプラスマナスゼロ。別途、家賃収入の利益が2年で200万円ほどになったので投資としては失敗ではありませんでしたが、相当な精神的な負担があったのは間違いありません。

ただ、この物件を購入したおかげで、いろいろな経験も積むことができましたし、いい勉強になったと思っています。

投資方針の変更～遠方の物件は買わない

K市の物件の教訓は山ほどありますが、すべての元凶はこれだと確信しています。

遠方の物件に手を出したこと。

やはり物件の状況がよくわからないかぎり、収益物件の経営は難しいと感じました。購入後に起こるさまざまなリスクを考慮すると、自分が買い進めるエリアを絞るのがいかに大事かが身に沁みて、「遠方の物件は今の自分には無理」と判断しました。

私は、子ども3人の母親でもあるので、頻繁に現地に見に行くことはできませんでした。K市の物件を見に行ったのは、結局、1回だけ。直接、現場に行けないというのは、かなりのデメリットです。近場の物件なら、空室がなかなか埋まらない、修繕に関するトラブルなど、何かしらの問題が発生したらすぐに出向いて物件や周辺状況をこの目で確認することができますが、遠方ではそれもできません。管理会社とコンタクトをとるのも、メールか電話。直接会って話ができないもどかしさをいつも抱えていました。

これを教訓に、物件選びは、積算にこだわるのではなく、家賃収入から返済額と諸経費を引いた「手残りのお金」を重視した物件選びの基準に変更し、エリアも自分の住んでいる周辺に的を絞って探そうと思いました。

不動産投資を考えている人は、**初心者ほど、自分の住まいの周辺に限定して探すのをおすすめ**します。自分の住んでいるエリアなら、「この駅は学生に人気のエリアだけど、東口と西口があって実は西口はあまり栄えていない」など、周辺環境などが購入前からわかるはず。これは大きな強みになります。

高積算、高利回り、RCではなく、手取り額にこだわる

私はこのK市の物件の経験から「積算価格が高いもの」「利回りが高いもの」「RC（鉄筋コンクリート造）」にこだわる必要があるのか？　と考えるようになりました。

「利回りが高い」というのは、その分、投資に対しての収入が多く入ってくるわけですから非常に魅力的です。

たとえば５０００万円の物件を利回り10％で購入したら、年間５００万円の家賃収入になります。

でもそれは、満室で運営しているときの話。ひとたび空きが出れば状況はガラっと変わるし、父の築古物件を管理しているときから感じていましたが、中古物件ほど、頻繁にまとまった額の修繕費用もかかります。おまけに今は、新築と中古の利回りがさほど変わらないものもたくさんあります。

さらに「ＲＣ」にこだわることについても、疑問を持ちました。そもそも、ＲＣは耐用年数が木造よりも長く、そして積算価格が高いので、築古でも融資がつきやすいという理由から積極的にそれを選んでいました。しかし、それだけに木造と比べると税金もリフォーム代も高額で何かとお金がかかります。建物の耐用年数は長くても使われている内装設備や配管設備の耐用年数は20年ほどだからです。

先ほどのＫ市の物件の大規模修繕費は１０００万円以上かかるとの見積もりでしたが、これが木造であれば５００万円もかからなかったはずです。

融資に関して言えば、RCは47年ですが木造は新築でも法定耐用年数は22年です（詳しくは63ページ参照）。しかし銀行によっては木造でも新築ならば返済期間が30年という融資を出してくれるところもあるので、そう考えれば築20年程度のRCの融資年数とあまり差はありません。

積算価格が高いということは、それだけ価値があるので税金も高いということです。大家さんになってみればわかるのですが、この税金が高ければ、それだけ手取りが少なくなってしまうので、税金は安いに越したことはありません。RCよりも、木造のほうが、税金負担もかなり軽いということもわかってきました。

こうして物件を探し始めた頃に売買の不動産仲介に言われた「新築のほうが手取り収入が残りますよ」という言葉が、私にとって実感を帯び始めてきました。

そしてその後、いろいろと調べていくうちに新築アパートにはメリットが多くあるということがわかってきたのです。

次の第2章では、新築アパートのメリット、デメリットについてご紹介します。

第2章

忙しい人や副業で大家さんを考えるなら、断然、手のかからない新築アパート！

収益不動産にもいろいろある

この章では手間がかからず管理も楽な「木造アパート」「新築」「1棟もの」についてメリットなどをご紹介していきたいと思います。

そもそも、家賃収入を生み出す収益不動産はいろいろな種類があります。

図2－1のように、戸建て、区分所有マンションや1棟ものアパート、マンションといった種類があります。

新築と中古、利回りがそんなに変わらない物件も増えている

収益物件を購入するときに必ず出てくるのが利回りです。

この利回りというのは、満室時の家賃年収を不動産売買価格で割ったもの。なかなか買い手がつかない築古の物件や地方の物件は、満室時の家賃収入に対して不動産価格が安いので利回りは高めです。

ネットで収益物件などを検索していると、「満室想定利回り10・56％」などと利回りが必ず書かれています。これは、満室になった場合の家賃収入が物件価格の約11％に

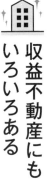

図2-1
主な不動産の種類と特徴

種類	中古	新築	特徴など
戸建て住宅	自宅を貸す、相続した家を貸す、さらに古い家を購入して貸すなどのケースが多い	利回りが低いため、投資用の新築戸建は少ない。地主が土地の有効活用や将来に備えて建てるケースが多い	▶木造が多い ▶いったん入れば入居期間が長い傾向がある ▶ファミリー向けが多い ▶築年数が古いと、融資が難しい
区分所有(マンション)	マンションの1室を購入し貸し出す。管理費などのコストもあり、手取り額が出づらい	マンションの1室を購入し貸し出す。投資用と作られて販売されることが多い。利回りがあまり高くない	▶SRC（鉄骨鉄筋コンクリート造）、RC（鉄筋コンクリート造）、などがある ▶購入金額が数百万円からと比較的少額から始められる ▶住宅ローンで購入する場合は要注意
1棟アパート	築年数がたっているものは高利回り。部屋数も少ないものであれば、区分と変わらない値段で購入可	木造でも長期間の融資が受けられる。利回りが高いものはあっという間に売れてしまう	▶木造が多い ▶1ルームからファミリー向けなどいろいろある ▶築年数が古いと、融資が難しい ▶一棟マンションと比較すれば手頃な値段で始められる
1棟マンション	RCであれば耐用年数が47年なので、中古でも融資が受けやすく売買がしやすい。修繕費など、建物の維持費が高い	値段が高くなるので、個人で初心者には難しい。土地を持っている地主など、ある程度資産を持っている人向き	▶RC（鉄筋コンクリート造）、重量鉄骨造、軽量鉄骨造がある ▶1ルームからファミリー向けなどいろいろある ▶購入金額が高額。数千万円から高いものは1億円以上する

なりますよという意味で、これを表面利回り（グロス）と言います。

それに対して実質利回り（ネット）というのもあって、家賃収入から修繕等の経費を引いた実際の収入を、諸経費を足した不動産売買価格で割ったものになります。実際に即している数字はこちらのほうで表面利回りから比べるとだいぶ低い数字になります。

実質的な利益を、実質的な購入金額で割ったものですから、後者の実質利回りのほうが、実際の状況を把握しやすいはずなのですが、不動産投資のサイトなどは表面利回りで統一されていて、その数字からだけでは、本当の利益がいくらなのか、わかりにくいしくみになっています。

この表面利回りで物件を比較すると、利回りが高い中古物件、低めなのが新築物件と考えられています。しかし最近、利回りが高めであるはずの中古物件に異変が起こっています。それは、物件価格の高騰です。アベノミクス、そして2020年の東京オリンピックも決まり、現在、不動産市場は非常に過熱気味です。バブルだと言っている人もいるくらいです。

左ページの図2－2は、収益向け物件が掲載されている、不動産投資サイト「楽待《らくまち》」に新規掲載された物件の価格と利回りです。2012年6月には、物件価格の平均

図2-2
1棟ものアパートの価格は上がり、利回りは下がっている！

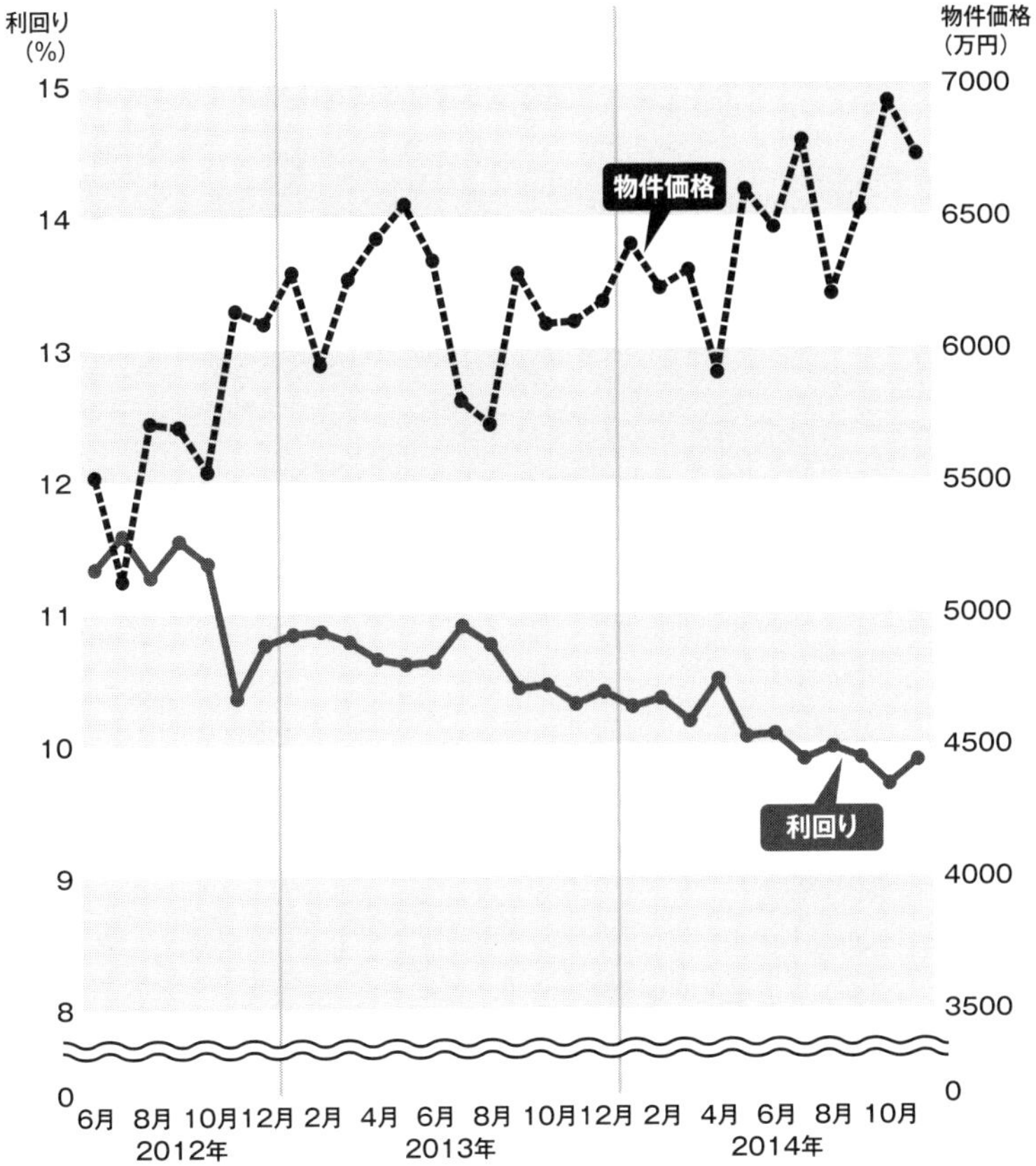

(出典)収益物件数No.1 国内最大の不動産投資サイト「楽待《らくまち》」より
※1棟ものアパート新規掲載分のデータ

が５５１７万円だったのに、２０１４年に入ってからはほぼ６０００万円台です。

さらに利回りについても、２０１２年６月には11・３４％でしたが、２０１４年７月からは９％台に下がっています。

つまり、不動産価格の上昇によって中古の不動産でも、新築の不動産でも同じような利回りになっているケースも多く出回るようになってきたのです。

ならば、わざわざ中古物件を買い求めなくても最初から新築を買えばいい、とみなさん、そう思いますよね？

今、新築物件は利回りがそれなりに良くて、立地や間取りが悪くなければ早いモノ勝ちです。人気の建築会社であれば情報が公にされた途端、ものの数分で購入が決まってしまうこともあります。それどころか情報が公になる前にすでに決まってしまうケースも少なくありません。

それは私のように、新築に魅力を感じている大家さんが増えてきてそれが人気に拍車をかけているのではないかなと思っています。左ページの図２－３は、新築と中古の違いを比較したものですが、実際中古・新築両方を所有してみて私は新築物件のほうがメリットが多いと感じています。これについて順番に解説をしていきます。

図2-3
新築と中古を比較してみると？

	新築	中古
融資期間	長い（22年・30年）	短い（耐用年数－経過年数）公庫・10～15年
満室想定家賃	自分で決められる	満室の場合は決められない
空室リスク	低い	高い
入居者	選べる	選べない
間取り・設備	新品	古い
躯体構造保証	10年有り	なし
修繕リスク	低い	高い
減価償却期間	長い	短い
収入発生時期	半年～1年先	引渡しから発生
入手しやすさ	競争が加熱	物件自体は多い
売却しやすさ	良い	悪い

中古よりも融資期間が長く取れるので手取り額が多くなる

中古物件は現在、新築と利回りがあまり変わらなくなってきています。

そうなると、中古物件の〝うまみ〟はほとんどなくなってしまいます。

今までは中古は物件価格が安い分、利回りが高い。だから、その分手取り額が大きく出るところが最大の魅力でした。でも、中古物件の価格がゆるやかに上昇傾向にあり、新築とそれほど変わらない利回りになった今、手取り額の有利さはなくなりますし、中古は築年数が経過しているため耐用年数が短く、新築よりも融資条件が悪くなってしまうのです。

そもそも物件には、木造、ＲＣ（鉄筋コンクリート造）などいくつかの構造があり、それぞれ法令で定められた耐用年数があります。簡単に言えば、鉄筋は強度が強くて頑丈だから耐用年数が長く、木造はそれに比べれば短くなります（図２－４参照）。この耐用年数が、銀行によっては融資の長さに関係してきます。

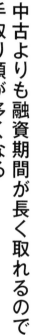

木造物件は耐用年数が22年ですから、融資期間は最長で22年となります。

ただし、木造物件のなかでもさらに種類が分かれていて、たとえば新工法（２バイ

4）、準耐火などの基準を満たしていれば、自動的に30年の融資が可能な銀行もあります。あるいは、基本は22年ですが、耐久性の等級を表す劣化対策等級という住宅性能評価を取得すれば30年の融資を引ける銀行もあります（取得するために100万円ぐらいかかります）。つまり木造だから一概に22年が最長というわけではなく、細かな基準は銀行ごとに異なります。

しかし、一般的な話をすれば、新築の木造物件なら耐用年数の22年の融資、場合によっては30年融資が組めるのに対し、築20年が経過している中古物件は耐用年数の残存年数はわずか2年。通常の銀行であれば融資は難しいと言われてしまい

図2-4
主な建物の種類と耐用年数

▶木造	22年
▶木骨モルタル造	20年
▶鉄筋コンクリート造	47年
▶レンガ造・ブロック造	38年
▶鉄骨造	
・骨格材の肉厚4ミリを超えるもの	34年
・骨格材の肉厚3ミリを超え、4ミリ以下のもの	27年
・骨格材の肉厚3ミリ以下のもの	19年

ますし、築古木造で融資が出る銀行にしても、せいぜい耐用年数プラス10年程度しか期間が延びません。

左ページの図2－5の通り、新築と築10年の中古を比べてみます。同じ3500万円で販売されている場合、中古のほうが利回りが高くても、少ない自己資金で、低い金利で融資を長く引ける新築のほうが、明らかに年間の手取り収入は多く、投資効率もよくなります。この中古物件で手取り額を出すためには、自己資金を相当入れる必要があります。

左の図の例の場合だと、借入額を物件価格の半分の1750万円とし、諸経費を足して自己資金を1960万円として入れても、返済期間が短いために新築の手取り額よりも少なくなってしまうのです。

新築は利回りを自分で決められる

新築の物件概要書には、サブリース会社や売買の不動産仲介、売主業者などの査定による満室想定家賃年収から計算された利回りが記載されています。しかし、まだ入居は始まっていませんので、サブリース（一括借り上げ、家賃保証制度のこと。不動

図2-5
同じ物件価格、中古のほうが利回りが高かった場合でも、中古は赤字！

新築・利回り8.6%　(単位：万円)

物件価格	3,500
購入諸費用(6%)	210
借入(100%)	△ 3,500
自己資金	210
表面利回り8.6%	
年間家賃収入(満室)	301
空室リスク(10%)	△ 30
運営諸経費(10%)	△ 30
返済期間	30年
借入返済(金利1.5%)	△ 145
手取り額	96

自己資金が約200万円で
手取り収入が出る

築10年中古・利回り10%　(単位：万円)

物件価格	3,500
購入諸費用(6%)	210
借入(100%)	△ 3,500
自己資金	210
表面利回り10%	
年間家賃収入(満室)	350
空室リスク(20%)	△ 70
運営諸経費(20%)	△ 70
返済期間	12年
借入返済(金利1.5%)	△ 319
手取り額	△ 109

空室、諸経費リスクや返
済期間の短さから手取り
収入が出ない物件が多い

借入額を半分にして
自己資金を多く入れた場合

築10年中古・利回り10%　(単位：万円)

物件価格	3,500
購入諸費用(6%)	210
借入(50%)	△ 1,750
自己資金	1,960
表面利回り10%	
年間家賃収入(満室)	350
空室リスク(20%)	△ 70
運営諸経費(20%)	△ 70
返済期間	12年
借入返済(金利1.5%)	△ 159
手取り額	51

自己資金を2000万円近く
入れてやっとプラスに！

新築より
手取り額は少ない

産会社とこの契約をすれば、空室だったとしても保障された家賃を受け取れる）の契約をしなければ、実際の家賃を想定家賃よりも高くすることも低くすることも買主が自分で決めることができます。ということは、収入の上限を自分でコントロールできるのです。

一方、中古の場合は、満室であればその家賃設定を変えることはできないですし、空室があったとしても、ほかの部屋の家賃設定の関係もあり、新しく募集する部屋だけ高くするというのは難しいところです。

私の場合、9・0％で提案された新築物件でも、賃貸管理会社の査定を考慮して、家賃を高めに修正して、9・6％まで利回りを高くした物件もあります。

新築は空室リスクが低い

空室リスクとは、収益物件で空室が発生した場合に失われる、家賃収入の損失のことを意味しています。

新築は空室リスクが低い。これも、私が新築をおすすめする理由の一つです。

なぜなら新築は、今の時代にあった間取り、内装、設備が標準装備されているので、たとえば、10年落ちの中古物件と比べても、それだけで競争力が高いからです。

不動産投資で得られる収益の中心は、家賃収入です。常に満室で稼働していることが、収益を最大化させることにつながります。

当然ながら、借りてくれるお客様がいて、初めて家賃が入ってきます。退去したら、次の借り主が見つかるまで、その部屋の収入はゼロになります。

空室が出て家賃収入が少なくなっても、毎月の借入返済や建物管理費、固定資産税は待ってくれません。その間にも支払いは発生するので、空室が長く続けば続くほど、手取り額は減り、場合によっては、手取り額がマイナスになることまであるのです。

それを表しているのが、次のページ図２－６です。

空室リスクが高くなればなるほど、手取り額は減っていき、この物件の場合、空室率42％が運営諸経費と借入返済をするためにぎりぎり家賃収入を維持しなければならない損益分岐点ということになります。この損益分岐点を超えると、手取り額はマイナスになり、自分の手持ち資金を持ち出して、運営諸経費や借入返済金を支払わなければならないことになります。

この空室リスクは、新築の場合、通常10～15％で見ればいいと思います。中古の場合であれば20％以上、その数字は後述の通り、戸数などいろいろな状況を想定して考

図2-6

空室率が高いと手取り額も減る（物件価格3500万円の場合）

（単位：万円）

表面利回り（8.6%）	満室	空室率10%	空室率20%	空室率42%	空室率50%
年間家賃収入	301	271	241	175	151
運営諸経費（10%）	△ 30	△ 30	△ 30	△ 30	△ 30
借入返済	△ 145	△ 145	△ 145	△ 145	△ 145
手取り額	126	96	66	0	△ 24
				損益分岐点	
満室時と比べた手取り額		△ 30	△ 60	△ 126	△ 150

借入返済は融資期間30年金利1.5%5年固定
諸経費には固定費も含まれているので満室家賃の10%とする

空室率42%以上は赤字に！

慮してみてください。

また戸数が少ないアパートであれば必然的に空室率は高くなります。たとえば10戸のアパートの1戸が1年間ずっと空室であったら、空室リスクは10％になりますが、これが4戸のアパートの場合、1戸が1年間ずっと空室になってしまったら、空室リスクは25％と大きくなってしまいます。ですので、戸数が少ない場合には空室リスクを多めに見る必要があります。

店舗付きの物件は空室リスクを高めに見積もる

空室リスクは、先に述べたように中古のほうが新築に比べて一般的に高くなりますが、中古の中でも、単身者よりファミリー、住戸よりテナント(店舗)のほうが空室リスクは高くなります。

前述した、私が購入した兵庫県K市の中古マンションは、3～5階の住戸部分がファミリータイプの3LDKでしたが、1戸空くとなかなか入居付けができないこともありました。ファミリータイプだと、1度入居してから退去までの期間は単身者用に比べて長くなるので、空室率は低く予測できるような気がしますが、実際は1度空いてしまうと、手持ちの家具や家電が物件に合わないとか、駐車場がないとダメとか、いろいろな要素で入居するハードルが高くなり、空室期間が長くなることもあるのです。

K市の物件は駅近でしたが、地方で駐車場がないことは、かなりのマイナスポイントでした。また、リビングのエアコンの対応ボルトが200Vで、現在一般的に売られている100Vのものが使用できないので、対応できないエアコンをお持ちの入居者には電源の交換工事が必要になってしまいました。

さらに入居付けが難しいのがテナント(店舗)です。K市の中古RCの2階テナント部分は以前から長いこと空室で、売買の不動産仲介には「売主さんが入居付けの努力をしていなかっただけで、駅近だし、すぐに埋まりますよ」などとうまいこと言われていました。

でも、結局、売却するまでの約2年間、そこは一度も埋まりませんでした。駅から徒歩4分といっても、路面店(1階テナント)でも空室がちらほらあるエリア。それなのに、路面店より目立ちにくい空中店舗(2階以上の店舗)の需要があるわけもなかったのです。

したがって、テナントがある場合には空室率をかなり高めに考慮するか、最初からその家賃はないものとして、利回りを考慮する必要があります。テナントは高い家賃設定のことが多いので、その分リスクを多めに見積もっておかないと、空室になったときに、一気に手取り額が悪化してしまう可能性があるからです。

新築は「ゼロ」からの入居付けで大変？

よく、「新築は、ゼロから入居付けをしなければならない」と言われます。確かにそうなのですが、私の経験上、**新築は価格設定を間違っていたり、立地条件がかなり悪いなど、よほどのことがない限り1～2か月で満室になります。**自分が借りる立場で考えたら明白ですよね。今のニーズを反映した設備や間取り、そしてなにより当たり前ですが、かつて誰も住んでいない真新しい部屋に住めるのは単純に嬉しい。似たような広さで家賃がほんの少し高いぐらいなら、築20年の中古よりも新築に住みたいと思う。その心理が満室に結びついていると思います。

新築は、自分で〝安心な入居者〟を選べる

不動産投資は、空室リスクだけでなく、賃料の滞納リスクも存在します。家賃が滞納されると、経理上は、売り上げとして計上しなければならないのに、入金は無いわけですから、資金繰りに影響が出ます。

賃料の滞納リスクも、中古物件のほうが高くなることが多いです。

中古は、すでに入居者がいて、その人たちがどんな人かはわかりません。家賃を滞納しがちな入居者がいたり、騒音を出すなどマナーが守れない人、すぐにクレームを言う人などが住んでいるというケースもありえます。オーナーである以上、ほかの入居者とのバランスや、近隣住民のこと、周辺環境のことなどを考えなければならないのも事実です。

でも新築ならば、イチから入居者を選定できます。

不動産管理会社に募集業務を委託する場合でも、管理会社は、入居者の属性、現住所、勤務先、収入、連帯保証人、同居者の有無などの必要事項の確認をしたうえで、最終的にオーナーであるこちらに判断を仰いでくれます。イチから入居者を募集でき

るのは、オーナーである自分だけでなく、自社の管理物件には問題を起こさない、家賃をきちんと払ってくれて社会的な常識のある入居者をいれて、穏便に管理を進めていきたい管理会社にもメリットがあります。

優秀な管理会社は、いい入居者を選ぶ目も持っています。そういう管理会社を選び、担当者と相談しながら、入居者を選定する際の譲れない条件などを決めていけばいいと思います。

私の場合、直接入居者とお会いできない場合には、その人の人となりや物件紹介・内覧中の様子などを聞くようにしています。

また基本的に法人契約以外には、間に保証会社を入れています。保証会社とは、入居者の連帯保証人を代行しているもので、家賃滞納があった場合に代わりに払ってくれる会社です。そうすると、保証会社側の審査もあるので、ほかの物件で滞納履歴のある方や勤め先に問題のある方、勤続年数を偽っている方などがわかります。基本的に保証会社の審査が下りない場合は、入居をお断りしています。

中古はすべての部屋がリフォームされているわけではない

ほかにも、私が中古でデメリットだと思うのは、すべての部屋の現状が確認できないことです。

たとえば、購入時に満室の物件だった場合。中古の場合は引渡し後すぐに収入が入りますし、融資をする金融機関も満室で経営されているなら……と好印象なため人気があります。しかし、部屋が一つも空いていないということは、外側や共用部分を眺めただけで、購入を決めなければなりません。

また仮に空室があって確認できたとしても、その部屋だけが実はリフォーム後だったという場合もあるので修繕履歴を確認しましょう。

空室の部屋が、フローリングでキッチンなどの水回りもきれいでよかったので、ほかの部屋もこんな感じだろうと思い込んでいると、退去後にびっくり。ほかの部屋は、昭和にタイムスリップしたかのような、畳の和室、状態が悪くリフォームされておらず、砂壁やボロボロの壁紙、レトロなキッチンで……という話もあるのです。

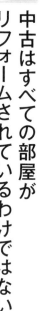

新築は10年間の保証付き！ 地震対策も新耐震基準で安心

中古は耐震の問題もあります。**１９８１年以前に建てられた旧耐震、１９７１年以前に作られた旧々耐震の中古物件は、耐震診断や耐震改修の努力義務を負うように法律が制定されていますが、**万が一耐震性に問題があることが発覚すれば、耐震診断や耐震補強には多額の費用がかかります。

その点、新築は、新耐震基準になっているのはもちろん、地盤の改良工事なども進んでいますから、お客様により安心・安全な暮らしを提供できます。もしも躯体や構造に問題があったとしても建築保証が10年間ついています。つまり10年間はオーナーが費用面で負担する必要はないのです。地盤改良工事についても、地盤保証が10年もしくは、20年ついている場合もあります。

以上のことから中古物件は、修繕の観点から見ても、想定外のリスクがどうしてもつきまといます。ご自身が建築士であったり、建築業界にお勤めという方であれば、物件を見抜く力もあると思いますが、不動産に関してまったくの初心者がその見えないリスクを見極めることはとても難しいのではないのでしょうか？

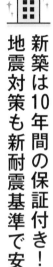

新築は減価償却費で節税できる期間が長い

税金は手取り額に課税されるのではなく、「収入－経費＝利益」の「利益」に課税されます。経費として認められるものは図2－7の通りです。

実際にお金を支払う「借入金の返済額」のうち、利息は経費になりますが、元金部分は、借りたお金＝「負債」の返済なので、経費にはなりません。

逆に、お金を支払っていないのに、経費として認められるものがあります。それが減価償却費です。

減価償却費は物件の土地ではなく、建物について認められています。建物はいずれ

図2－7

不動産投資で経費として認められるもの

・借入金の利息	・修繕費
・固定資産税	・都市計画税
・損害保険料	・消防点検費用
・管理会社への管理手数料	・共用部分の電気代・水道代
・清掃費用	・入居者募集のための広告料
・税理士などへの報酬	・弁護士などへの報酬
・減価償却費	・繰延資産の償却費
・立退料　など	

劣化して使えなくなります。年々劣化して建物の価値が「減価」していく分を経費として認めてくれるのが減価償却費なのです。

減価償却費はお金を支出していないのに、経費として認められ、その分税金が安くなります。

減価償却費は建物の耐用年数によって決まります。

同じ金額の建物でも、ＲＣなら47年かけて、木造は22年で償却していきます。

耐用年数が短い木造のほうが年間の減価償却費は多くなるので、利益が残ります。

また、中古の場合は、耐用年数に対する残存期間（耐用年数－築年数）が短くなるので、１年間の償却額は大きくなりますが、節税できる期間が短くなります。将来的には収入に対して税金が多くなるので、大規模修繕などを行い減価償却費を増やすなど、何らかの対策が必要になります。

部屋が広い場合は、税金の軽減措置がある

新築特有の税金の軽減措置は、不動産取得税の軽減です。

不動産取得税は、不動産を取得したときにかかる税金です。通常は土地、建物とも

に固定資産税評価額の４％がかかりますが、今のところ平成27年３月31日までは、土地は「評価額×１／２×３％」、建物は「住宅用であれば３％」に軽減されています。

新築で延床面積が１戸当たり40平米以上２４０平米以下という条件に当てはまれば、さらに軽減税率が適用されます。私の場合、17～20平米台の１人暮らし用の物件をメインに購入しているので、この軽減措置は利用できません。

ファミリー向けなどで40平米以上で建築する、もしくはその条件に当てはまる物件を購入すれば、この軽減措置が活用できます。

買ったら数年で売る！売却までを計算に入れて購入する

不動産投資では、物件を購入する前に、将来的に物件を持ち続けるのか、売却するのか「出口戦略」を考えておくことがとても重要です。売却するなら、何年後に売るのか、どうやって売るのかなどを考えていきます。

私は、売却時に利益を確定させるつもりで新築を購入しています。

「満室で運営しているのに、なんで売却するの？」と思う人もいるかもしれませんが、継続的に満室のまま運営できる保証はどこにもありません。当然ながら、物件の経過年数を追うごとに、建物や設備は劣化して修繕費用がかかり、空室リスクは高まり、利回りも低くなっていきます。

通常は、築年数を経るごとに融資期間が短くなります。するとその分、返済額も多くなってしまうので、手取り額を残すことがなかなか厳しくなります。

築20年、30年の物件になると融資の部分で購入できる人が限られてくるため、売却を考えるのは難しくなってきます。最終的には更地にして売却するか、リノベーションを行う、もう1回建て直すという方法が出口戦略としては現実的だと思いますが、更地にしても場所によっては売れないこともあるので、そこは注意して買う必要があります。

図2-8
出口戦略〈利益が大きいうちに売却する〉

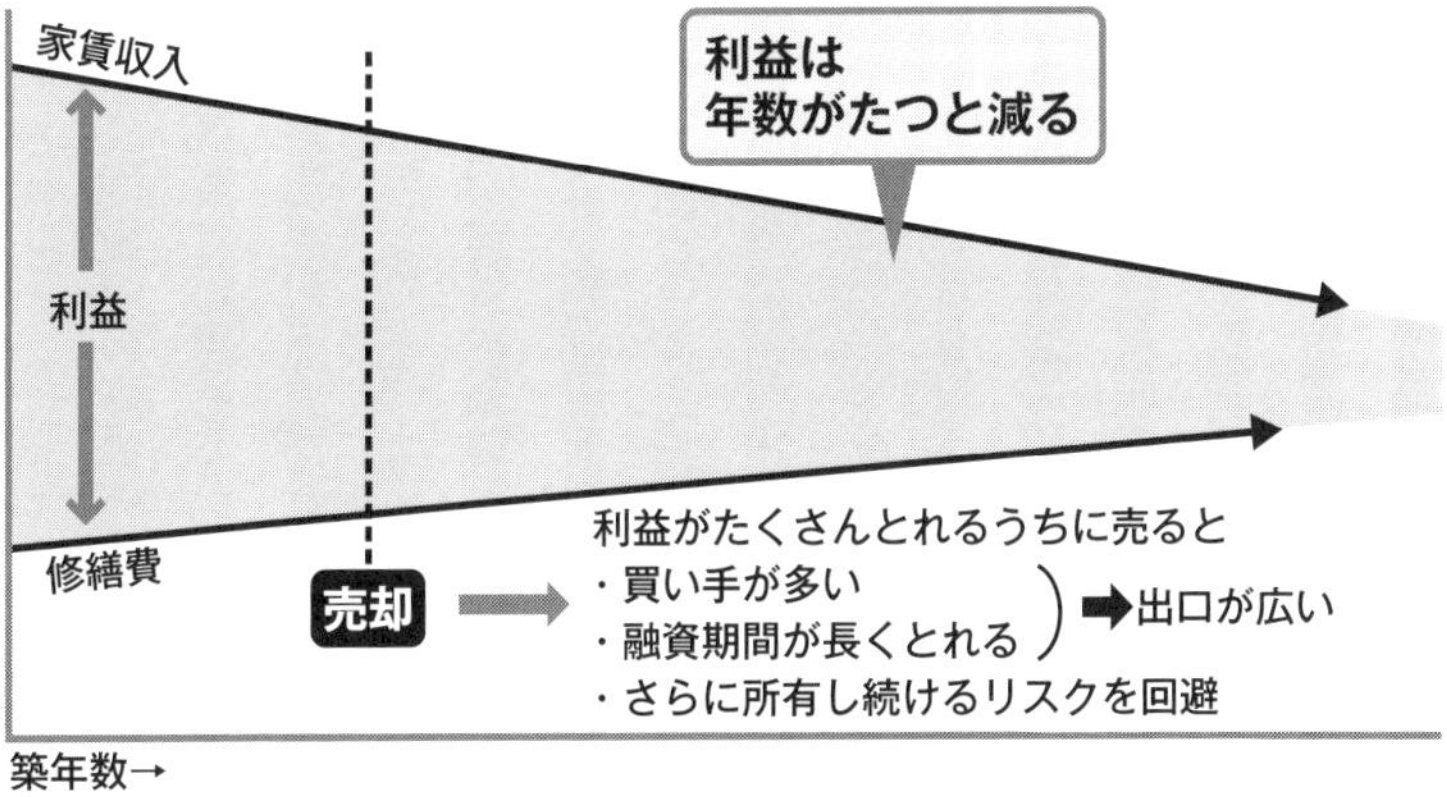

こうしたリスクを心配する必要がないのが新築です。

私は、利益が多くとれる時点で確定させて、また新しく価値のある物件にジャンプアップしたいと思っています。売却の目安は、5年を一区切りに考えています。利用する金融機関によりますが、私の場合は、金利的に5年固定がおトクだったこと、5年後に売却した場合、１０００万円以上の利益を見込める物件を選び、5年後の固定金利終了時の売却を目指しています。さらに空室リスク、運営諸経費を除いた年間手取り額を２００万円以上というラインに設定しているので、単純計算で5年後には１０００万円の手取り額を得る計算になっています。

買い付けの段階になったら、不動産会社からその物件の収支や諸費用の内訳を計算した「概算資金計画書」をもらい、それをもとに自分で作ったシミュレーションシートで改めて計算して、最終的に購入するかを判断しています。（シミュレーションシートについては、１７６ページからに詳しく説明しているので参考にしてください。）

新築のデメリットは、建物が完成するのが半年～1年先になること

ここまで新築のメリットばかり述べてきましたが、デメリットがあるとすれば、物

件の買い付けをして売買契約したときには、まだ建物が建っていないことです。新築は、通常売買契約してから完成するまでに半年から1年ほどかかってしまいます。建売の場合、金利は決済時の金利が適用されるので、売買契約時より上がったり下がったりする可能性もあります。シミュレーションするときは金利上昇の可能性も考慮して少し高めに設定されることをおすすめします。また、「建築条件付き土地」パターンの場合は土地を先に取得するので、土地取得や建築費用の支払いに対して受ける融資の前払い利息が発生します。そういう意味では、「今すぐに手取り収入が欲しい」という人には向いてないかもしれません。

中古だったら購入したその日から売り上げが立ちます。また、今に至るまでの入居率やどれぐらいの経費が毎月の運営にかかっているかというデータが残っているので、実際の手取り額で物件を評価しやすいメリットもあります。とはいえ、予想外の大規模な修繕費がかかるなど、想定外のリスクはあります。

また中古は、吟味すればいいものを安く買える可能性があるのもメリットだと思います。建物は古いけど土地がいいとか、古いけど手入れがされているなど、見る目があれば掘り出し物に出会えるチャンスはあります。特に地方などは、100万～500万円以下の安価な築古物件を現金で購入して自分でリフォームして高く貸すことも可能です。30%などの高利回りを実現させることもでき、実践されている方も多くいらっしゃいます。

ただし、今は土地の値段が高くなり、安い物件を見つけるのは至難の業。さらにリフォームなど手をかけないといけないので、不動産の高度な知識やスキルが必要になるうえに忙しい人はもちろん、副業として考えているようなサラリーマン大家さんには向かないのではないでしょうか。

「新築プレミアム価格」は通用しない

もう一つ、デメリットというほどではありませんが、今は新築だからといって周辺と比べて高額な家賃設定ができるわけではないということは念頭に置いたほうがいいと思います。

新築は、最も新しい状態で貸せるゆえ、通常の家賃価格の5~7%程度上げても借り手がつく、いわゆる「新築プレミアム価格」にできると言われています。

でも今は、「新築だからといってそこまで高く貸し出せるわけではない」というのが私の感触です。周辺に築年数の浅い物件があって、広さ、間取りも似たような部屋で安いなら、「別に新築にこだわらなくてもおトクな築浅のほうでいい」と考えるお客様はたくさんいらっしゃいます。周辺より数千円高い強気の設定にして、借り手がつかない状態になってしまえば元も子もありません。

このあたりは、見極めが必要です。不動産会社が出してくれる家賃の査定を見ながら、本当にその数字で貸せるのか相談し、さまざまな情報を得ながら最終的に判断していくことが大切です。

逆に、新築でも数年落ちの物件と同じ価格帯で募集すれば、お得感が増し、長く住みたいという入居者のニーズに応えることができます。長く住んでいただければ、その家賃をずっとキープすることができ、利回りも下がりにくくなります。

私が購入した新築鉄骨造の物件は管理会社が3年落ちした家賃設定からさらに3000円差し引いた家賃設定で提案してくれたので、その家賃で募集したらあっという間に満室になりました。

第3章

初心者必見！お金を生み出す新築アパート購入法

不動産購入の流れはこうなっている！

私が主宰している女性大家さんの会に参加される方は、これから不動産投資を始めたい、家賃収入に興味があるけど、どうしたらいいかわからない、という方も多くいらっしゃいます。率直に、「収益不動産ってどうやって買うの？」という質問もいただきます。

この章では、私なりの不動産購入の手順をご紹介しながら、どうやっておトクな物件を手に入れるかということをご紹介したいと思います。

まず、物件購入の手順は、次の通りになります。

①前準備
②物件探し
③問い合わせ
④現地確認、調査、数値シミュレーション
⑤買い付け

⑥融資事前審査
⑦売買契約
⑧融資本承認
⑨管理会社選定
⑩金銭消費貸借契約
⑪決済、物件引渡し

というのが大まかな流れです。

①前準備その⑴ 自分が購入したい物件の条件を決める

まず、不動産投資を始めよう、と思ったら前準備をします。この準備で一番大切なことは、**自分の物件購入の条件を決めること**です。

自分が何を重視するのか？　条件を細かく設定することで、星の数ほどある不動産の中から自分が本当に購入したいと思える物件を見つけることができます。

条件設定は89ページの図3－1のようにいろいろとあります。

たとえば、このうちの「**間取り**」については、ファミリー物件タイプにするのか、1

人暮らし用の物件にするのか。そこを線引きしておくだけでも、物件は絞られます。

私は、基本的には、**1人暮らし用の賃貸戸数が多い物件を選んでいます。**

なぜなら、戸数が多いほど利回りが高くなるからです。同じ敷地面積の物件で、ファミリータイプの部屋が4部屋あるのと1人暮らし用の部屋が8部屋あるのでは、もしも空室が出た場合に、後者の1人暮らし用の物件のほうが残りの戸数が多い分、リスクは小さくなります。そして、平米数が少し小さくても戸数が多いほうが、平米当たりの賃料を高く設定できるために利回りが高くなります。

私の場合は、家賃収入から経費、借入返済を引いた手取りの金額、つまり手取り額を確保するため、新築の中でも利回りが高い物件を選んでいます。そうなると必然的に単身者用の間取りが多くなり、購入した新築4棟すべてが単身者用です。

首都圏では単身者用でも需要はありますが、地方ではファミリータイプの物件が主流のエリアもあります。また、付近に大学があるなどで1人暮らしの需要のあるエリアでも、供給過多のエリアや、同じような新築物件が多い場所などは要注意です。

また「**物件の構造**」については、私の場合、「**RCではなく、木造アパートをメインに**」選んでいます。不動産投資に慣れてきた今は鉄骨造物件も購入しましたが、RCは最初に失敗した中古以外、未だに購入していません。

木造のいいところは、前述しましたが、RCと比べて建設コストが安いため物件価格が低めになること、修繕しやすいことが挙げられます。物件価格が低いということは、利回りから物件価格を計算する収益還元評価の場合、融資の評価が出やすい＝融資を受けやすいのです。ただし、同じ木造でも3階建て以上になると、構造上、建築費が割高になります。

また、いざ取り壊すことになった場合も、RCと比べて木造のほうがコストが安く済みます。のちのち建て替えをしたり、更地にして売ることを考えれば取り壊しコストの安い木造は重宝がられます。

ほかに木造だと売買価格も手頃になりやすいので、売却という出口もつかみや

図3－1
いちばんこだわる項目はどれ？

▶エリア	都心、地方など場所はどうするか？
▶築年数	新築、築浅、築古など、こだわるかどうか
▶利回り	家賃収入÷物件価格で表面利回りを計算する
▶構造	木造、重量鉄骨造、RCなど
▶間取り	1Rなのか、ファミリー向けの広いものにするのか
▶駅からの徒歩分数	駅から遠くても需要はあるのか
▶手取り額	満室時の家賃から返済、空室リスク、諸費用を引いた数字
▶自己資金	頭金＋諸費用（売買手数料など）で使える金額はいくらか
▶物件価格	売り出されている金額。場合によっては指値も可能
▶物件評価額	積算評価、もしくは収益還元評価でみるのか（銀行によって違う）
▶自己資本利益率	手取り額÷自己資金で計算する。高ければ高いほど合格。
▶出口戦略	売却するならいつまで、持ち続ける、リフォームするなどの予測を立てる

すいです。これは、「**出口戦略**」にも関わる話です。

私の場合、このようにすべてにおいて、ある一定の基準は作ってありますが、基本的な優先順位は

①エリア
②手取り額
③自己資本利益率（ＲＯＩ）

になります。

エリア、手取り額、自己資本利益率を重視している理由

①エリア

①のエリアは、1章でも述べた通り、土地勘のない兵庫県Ｋ市の中古マンションを購入した実体験から導き出した教訓です。

3人の子どもを育てている主婦の私には、とてもじゃないですが遠方の物件には目が届きません。管理会社を信じて預ける以外になく、遠方だと入居付けの努力もすぐ

に行ってできるものではありません。管理会社が遠方のオーナーよりも近いオーナーの物件を優先する気持ちもわかります。管理会社の担当が会社をやめてしまったり、まったくもって土地感のないエリアで物件をコントロールする難しさなども痛感しました。うまくいっているのかどうか、自分の施策の効果がわからないなど、管理会社のレスポンスが悪いだけでも不安になる日もありました。

以後は、基本的にいま自分がすぐに動ける範囲ということで、自分の住まいの周辺に絞って探しています。

実家がある、出張でよく行く、住んだことがあるなど土地勘のあるエリアや、入念に調べ尽くしてそのエリアを選んでいるのであればいいのですが、不動産投資初心者のうちは**買ったあとの管理のことまで念頭に置いて、自分の対応できる範囲でエリアを選ばれることをおすすめします。**

この条件だけでも、物件はグッと狭まります。

②手取り額

手取り額とは、家賃収入から経費と借入返済を差し引いた手残りのお金のことです。家賃収入から得られる利益をインカムゲインともいいます。

私は、物件を所有している間の手取り額の最低ラインを「基本年間200万円以上」と決めています。つまり月16万円以上残るようなものでないといけないわけです。

計算してそれ以下になる物件は、③に出てくる「自己資本利益率」がよほどいいものでない限り、どんなに魅力的でも切り捨てています。私は、この手取り額(インカムゲイン)を重視した不動産投資を心がけています。

なぜならそれは、3人の子供を育てながらも、働いていたときと同じように生計が立てられる収入を不動産投資で目指しているからです。

都内で利回りの低い物件を売却益(キャピタルゲイン)狙いで購入される方もいらっしゃるかもしれません。しかし、出口戦略として売却のシミュレーションをしていたとしても売却時に得られるであろうキャピタルゲインは、不動産市況や経済動向などの影響を受けやすく、何年も先になると予想がつかない部分が多くなってきます。

だから売却益の収入に頼りすぎるのではなく、日々、きちんとした収入を得られるかどうかを判断基準の重要なポイントにしています。

手取り額は、いざ、物件購入の検討を始めた段階でシミュレーションシートなどを使って計算します。満室で運営したときはいくらになるか、10%空室があるときはいくらになるか、金利が高くなったときはいくらになるかを計算し、本当に物件を購入していいのか最終的な判断材料の一つにします。

手取り額は、銀行融資の返済期間など、いくつかの要因によってその数字は大きく変わります。そのあたりも考慮しながら見極めていくことが大切です。

③自己資本利益率

略称はＲＯＩ(return on investment)、私が物件を探す際に重視している３つ目の条件は、自己資本利益率（ＲＯＩ）です。

自己資本利益率とは、諸経費も含めた自己資金に対してどれだけの利益があるか？を計算したものです。

手取り額÷自己資金×１００＝自己資本利益率（ＲＯＩ）

私は、満室時の手取り額から計算する**ＲＯＩの数字が30％以上になるかを投資物件を購入するか決める一つの目安**にしています。具体的にいえば１０００万円の自己資金を投入したら年間３００万円の収入が入るような物件ということです。30％ということは3年と少しで自己資金を回収し、それ以上は売却さえ間違わなければ利益となります。自己資金を早く回収できればできるほど、不動産投資で失敗するリスクは減ります。だから、いかに少ない自己資金で大きい利益を得ることができるか？　ということも重視しているのです。

以上の通り、私が物件を選ぶときの優先順位にしているのは、①エリア、②手取り額、③自己資本利益率です。人によって譲れない条件は異なりますから、物件に対して何を求めているのか、将来的にどうしたいのかを改めて考えてほしいと思います。たとえば空室や家賃の下落で苦労したくない方は、築年数や駅徒歩圏内を条件にされるといいと思います。

①前準備その(2)
属性資料と資産一覧表を作る

そして次に準備するのは、属性資料です。どんなものかというと

■会社経歴書……法人で物件を購入していく場合、その法人の経歴書

■個人経歴書……購入する本人（名義人、法人であれば代表者）、および連帯保証人になる可能性のある人物の氏名、住所、電話番号、生年月日、職歴（勤務先情報

……会社名、部署、職種、役職、勤続年数、会社住所、電話、定年なども含む）、過去3年分の収入の金額（源泉徴収票）

■金融資産一覧表……法人金融資産、自分と家族の金融資産、保証人の金融資産（株や生命保険の解約払戻金なども含む）

■不動産一覧表……所有している不動産の名称、住所、借入状況、返済状況など

■借入金一覧表と返済予定一覧表……どこから、いくら借りているか、がわかる表

■所有不動産の固定資産税納税通知書（直近）

■源泉徴収票もしくは確定申告書3年分

法人の場合は、

■法人税確定申告書（決算書）3期分

■法人履歴事項全部証明書（謄本）1部

個人経歴書に入れる収入は基本的に源泉徴収票や個人確定申告書を元にしますが、私の場合、不動産投資を始めた頃、一番の下の子がまだ0歳でしたので、源泉徴収票に記載されていない育児休業給付金の金額を追加記載したりもしました。

金融資産一覧表は法人と自分だけでなく家族や保証人となる方の金融資産も入れま

す。現預金だけでなく、株や生命保険の解約返戻金も入れます。

わが家では属性資料作成のために、毎回、夫に

「通帳を貸して」と、お願いしていたら

「面倒だから全部そっちで管理してよ、小遣い制でいいから」

と夫の了解を得て(笑)、以前はそれぞれ別々に管理していたお金は、今は私一人の管理下にあって帳簿に付けてあります。もちろんこまめに通帳の記帳もしています。

よく大家さん仲間から「未帆さんのところは、ご主人のお金はどうなってるの?」と聞かれますが、今は全部私が「家族のお金」としてコントロールしています。

これから不動産投資を始めるなら、旦那様でも奥様でも、投資をメインでされているほうが一括管理されるのがいいと思います。なぜならいつも家族の金融資産がどれぐらいあるかを把握する必要があるからです。

ちなみに、女性大家さんの会に来ていらっしゃる方の中には、旦那様が物件の仕入れ担当、奥様が財務担当となっているご夫婦もいらっしゃいます。このように不動産投資を主にしているのは旦那様でも、財布の紐はきちんと奥様が握っていらっしゃる

図3－2
属性とは、お金を借りる人の社会的経済的背景を示したもの

- **会社経歴書**
  会社経歴書、法人の設立年月日、事業目的、代表者、社歴など
- **個人経歴書**
  氏名、住所、電話番号、生年月日など
  （**・勤務先情報**……会社名、部署、職種、役職、勤続年数、会社住所、電話、定年なども含む）
- **金融資産一覧表**
  法人金融資産、自分と家族の金融資産、保証人の金融資産
  （株や生命保険の解約返金など）
- **不動産一覧表**
  所有している不動産の名称、住所、借入状況、入居状況など
- **借入金一覧表**
  物件ごとに、どこから、いくら借りているかがわかる表
- **固定資産税納税通知書（直近）**
- **源泉徴収票もしくは確定申告書３年分**
- **法人税確定申告書（決算書）３期分**
- **法人履歴事項全部証明書（謄本）１部**

というご家庭もありますので、それぞれ、ご自分のご家族の事情に合ったスタイルを見つけてください。

さて、自分の現金や資産がわかる金融資産一覧表は、作り方にコツがあります。これはある意味見せ金とも言えます。つまり、たくさんお金があるように見えると、借入をたくさん受けるための信用につながりますので、投資に使うお金ではなくても家族全員すべてのお金を記載したほうがいいです。

たくさんお年玉が貯まっている子ども名義の預金や、学資保険の解約返戻金、さらに会社員であれば、会社の持ち株、定年時の予想退職金などの金額も記入しておいたほうがベターということです。

「見せ金」とは言っても、最終的には通帳原本や保険証券を見せる必要があるので、嘘は書かないでくださいね。

ほかに、固定資産税納税通知書も、銀行が不動産の実質的な担保価値を見るために必須です。また、物件の運営諸経費の計算にも固定資産税の納税額を利用しています。

まだ物件も見つけてないのに！　と思われる方もいると思いますが、いい物件がでたら、そこからはスピード勝負です。ですからあらかじめ自分のことをわかってもらうための資料をそろえておきましょう。

また、法人税確定申告書は量が多くて後からコピーするのは大変です。私の場合は、確定申告の際に控えを3～4部銀行用に多めに作っておいて、税務署の受付印が入ったものをそのままお渡しできるようにしています。コピーよりも原本をお渡ししたほうが銀行受けもいいようです。

最後に、この属性資料は、物件を探してもらう不動産の仲介会社と銀行に提出するので、とにかく見やすく作るに限ります。この資料で、自分のことを知ってもらって**「物件を本気で買おうと思っている」**ということを示すことができます。

一番最初は大変ですが、エクセルで一度作ってしまえばあとは数字を変えていくだけなので楽です。

次ページ図3－3に私が使っている、金融資産一覧表のひな形の表をここに載せておきます。参考にしてみてください。

シミュレーションシートのひな形を作っておく

自分が優先する物件購入の条件を決めて、属性資料を作ったら、次は欲しい物件が

図3-3
金融資産一覧表のひな形

金融資産一覧（平成26年□月現在）

銀行預金	普通預金	定期預金	外貨預金	合計
□□銀行◇◇支店				
〈法人名〉名義合計				
△△銀行◎◎駅前支店				
○○銀行◎◎駅前支店				
××銀行本店営業部				
〈個人名：本人〉名義合計				
□□銀行◎◎駅支店				
□□銀行◎◎西口支店				
××銀行本店営業部				
〈個人名：配偶者〉名義合計				
預金合計				

株式〈個人名〉名義	株価（00/00現在）	株数		株式（時価）合計
銘柄名				
銘柄名				
合計				

生命保険	満期保険金額	解約返戻金		解約返戻金合計
□□生命保険				
△△生命保険				
〈個人名〉名義合計				
学資保険				
□□生命保険				
△△生命保険				
〈個人名〉名義合計				
◇◇保険				
生命保険解約返戻金合計				

金融資産合計

そのほか

定年退職金（予定）

※住宅ローン残高は不動産一覧表のほうに記載

現れたときに、それがいい物件なのか、自分に合った物件なのかをシミュレーションするエクセルシートを作ります。

私の場合は、物件価格と満室想定家賃年収、築年数、構造、土地平米数、建物延床面積、路線価を入れると積算価格と収益還元評価が計算されるようなものを使用しています。

そして、このシートさえあれば、物件の条件を入れるだけで、購入すべきかどうかが判断できるようになっています。

こちらの細かい数字の意味や、どんな数字であれば買ってもいいのか、そういったことは、このあとの第5章「新築アパートで失敗しない、シミュレーションと融資」で詳細を入れました（176ページ〜）。さらに本書を読んでいただいた皆さんにも使っていただくためにダウンロードできるようにしました。

数字が嫌いな方は、ここで嫌になってしまうかもしれません。でも一つひとつは簡単な計算の積み重ねなので、しくみを理解するためにもご自身で表を作成してみるといいと思います。

今は物件がいいものであればあるほど、判断のスピードが求められます。購入の条件を決めておくのも、属性資料を作って事前に売買の不動産仲介や銀行に渡しておくのも、シミュレーションの表を作っておくのも、すべてスピードに勝つためです。不動産を欲しい人はたくさんいるので、いいものはすぐに売れてしまいます。

「この物件は買いかどうか？」

を素早く判断するためにも、物件を冷静に判断するためのツールを持っていたほうがいいでしょう。

②物件探し

物件探しと業者探し、まずはネットで

新築不動産はどこに売ってるのか？　と言われますが、中古物件と同様、ネットで探すのが基本になります。そこで、新築に強い売買の不動産仲介を見つけるのです。本当にいい物件は数時間で売れてしまうのが現状なので、サイトにずっと残っているような物件は、どこかクセがあって売れ残っているのかもしれません。

ですから、**新築物件を見つけるというよりは、新築を多く取り扱っている売買の不動産仲介を探すつもりで利用しましょう。**

未公開物件をどうやって紹介してもらえるかの詳細は次の第4章に書きましたので、ここでは、収益物件が掲載されている基本的なサイトをご紹介しておきます。

図3-4
おもな収益物件サイト

私もコラムを連載している楽待（らくまち）サイト。
まずは条件を当てはめて検索してみましょう。

〈 収益物件検索サイト 〉

- HOME'S　http://toushi.homes.co.jp/
- 不動産投資連合隊　http://www.rals.co.jp/invest/
- 楽待　http://www.rakumachi.jp/
- ノムコム　http://www.nomu.com/

またメルマガ登録も便利です。「楽待」や、売買専門の不動産会社のメルマガに自分の購入希望条件を入力して登録すると、随時、条件に見合う物件が出たときにはメールが送られてきます。新築に強いところはぜひ登録しておきましょう。

物件の見方、判断の仕方

ここでは、新築だけでなく、中古物件にも使える物件情報の一例を挙げておきます。売買の不動産仲介に問い合せをいれて、不動産情報が載った図面をもらったら、主に以下のことをチェックします。

1　場所／所在地

不動産取引では、一般的な住居表示がされず、謄本上の地番しか記載されていないことがあります。一般的な住居表示とは、郵便物が届く住所のこと。この住所がわからないと、シミュレーションに使う「積算価格」を出すために必要な「路線価」を調べることができません。そうなるとこの物件の値段が、高いのか安いのかを計算したり、さらにこの物件がどのようなところに建っているのか…といった周辺を確認することができません。

その物件を紹介している売買の不動産仲介に、電話して聞いておきましょう。

住所がわかったらグーグルマップで周辺状況を確認し、ウィキペディアで利用できる駅の情報（乗降者数や周辺施設）を調べておきましょう。

2 売買価格

土地と建物を合わせた価格が売買価格です。売買価格は、あくまでも売主が希望する値段ですから、相場とかけ離れていることもあります。また売主が売却を急いでいるときは、提示されている価格以下で妥協するケースもあります。

中古の場合は、どんな理由で売却をするのかと合わせて、値引き（指値《さしね》）できそうなのか、遠慮なく不動産会社に連絡をして問い合わせてみましょう。

3 家賃収入

毎月、あるいは年間の家賃収入が示されています。満室時の収入はいくらになるか確認しましょう。新築の場合は利回りを高くみせるために強気すぎる家賃になっていたり、逆にサブリースの関係で低めの家賃になっている場合もあります。「物件の最寄

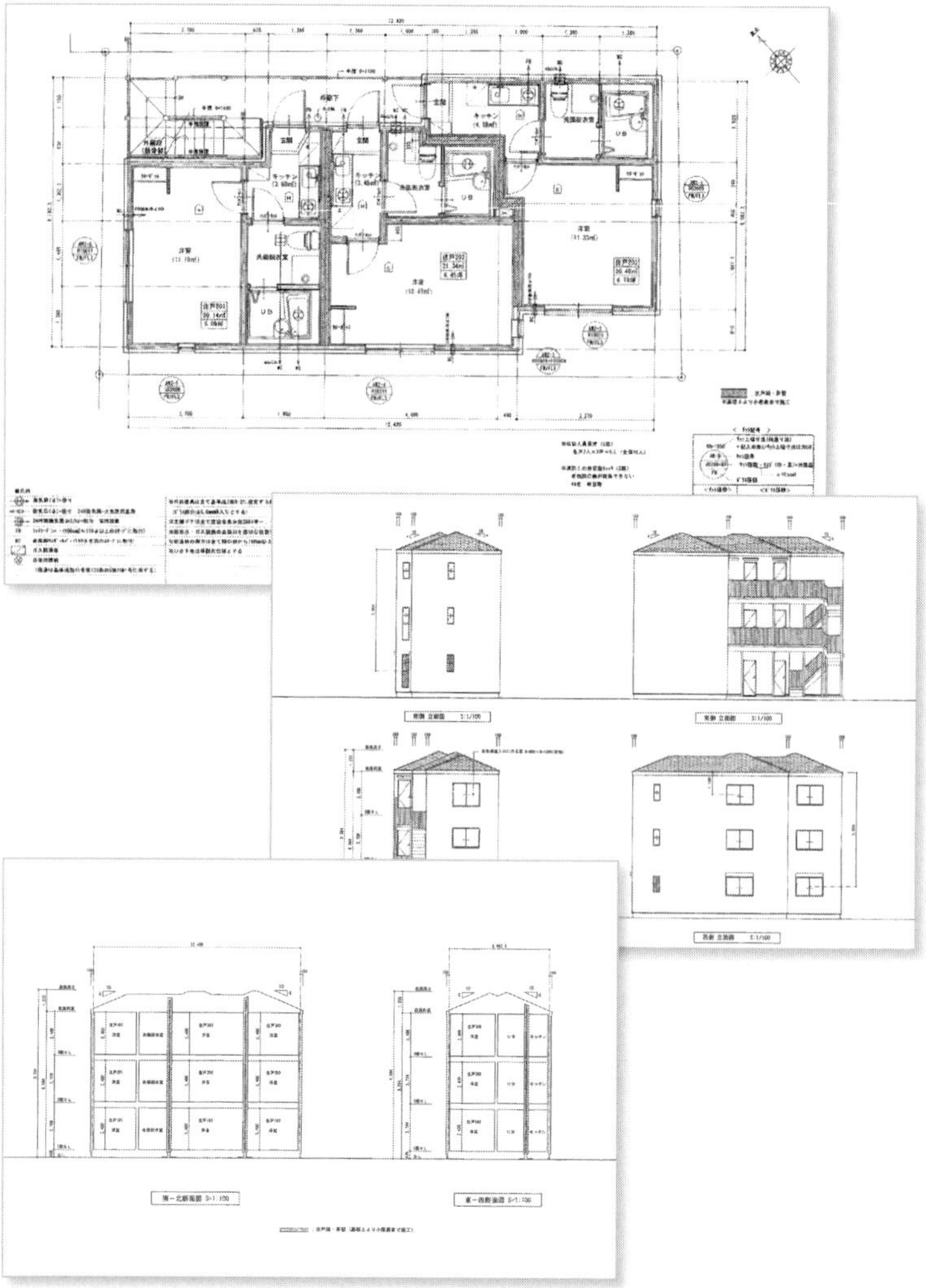

図3-5

新築の物件情報（見本）

物件情報

所在	横浜市△△区○○3丁目□□番××		名称	未定
交通	□□線「○○」駅　徒歩2分			
土地	113.97㎡	建物	185.91㎡	
構造	木造スレート葺き3階建て		築年数	平成27年8月築
価格	**7980万円（税込）**			
制限	用途地域	商業地域		
	建ぺい率	80%	容積率	240(400)%
	都市計画	市街化区域		
権利	所有権		地目	宅地
接道状況	北西側私道2.3mに約7.26m接道			
備考	☆駅徒歩2分の好立地 ☆全居室20㎡以上、バス、トイレ別、 ☆月額合計賃料　¥567,000　年収　¥6,804,000 ☆想定利回り約8.52%			

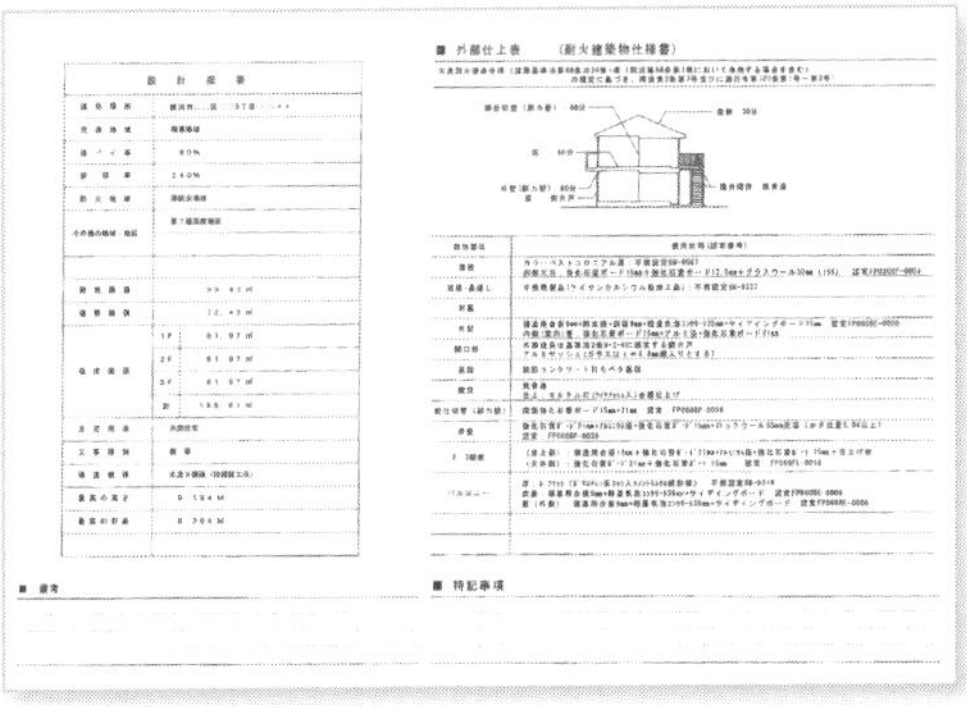
設計概要
外部仕上表　（耐火建築物仕様書）
備考
特記事項

駅　賃貸」と検索キーワードに入れて、出てきた賃貸のサイトから、さらに条件を絞り込んで周辺賃貸状況を把握してみましょう。

さらに「HOMES'」のサイトで賃貸経営というページがあります。そこに掲載されている賃貸需要ヒートマップでは、賃貸物件の需要動向が色で見分けられますので、建設予定のエリアのワンルーム平均家賃をチェック、近隣の条件の近い物件をネットなどで探して、家賃相場を比べてみてください。

4　表面利回り

たいてい満室の場合の家賃年収により計算された表面利回りが出ています。新

http://toushi.homes.co.jp/

築以外では、地方や築古、管理が難しかったり、何かしらの問題があるなど、リスクの高い物件になるほどこの数字は高くなります。

この表面利回りは、満室にならなければ達成できないものです。物件の状態によって満室にするのが難しかったり、家賃を下げないと満室にできなさそうだなと思った場合は、一番安い家賃に合わせて満室想定家賃年収を引き直します。ほかにも空室が長いテナントがある場合は、その家賃は除いて現実的な表面利回りを計算し直します。正しい表面利回りを見極めるために、現在のレントロール（各居室の家賃の状況のわかる資料）や入居者属性がわかる資料を売買の不動産仲介からもらうようにしましょう。

私が失敗した1棟目のＲＣ物件の場合、ずっと空室が続いていた2階テナントの家賃収入はないものとして考えなければなりませんでした。

もし、この家賃を入れないで、実質的な表面利回りをきちんと考慮できていれば、高い利回りにまどわされることも、問題山積みの物件をつかまされることもなかったはずです。銀行でも、店舗部分は家賃収入に算入しないところもあるくらいです。

5 土地の面積／土地の権利

積算価格を計算する場合に必要な数字です。土地面積と路線価を確認しましょう。

また土地の権利が所有権なのか借地権なのかも重要です。借地権の物件は利回りは高くなりますが、地主との法的関係が出てきて融資が難しい銀行もあります。

6 建物構造／建物面積／築年数

これまでも何度か述べた通り、建物構造の強度は、木造が一番弱く、次に鉄骨造、RCの順です。そして積算評価による建物価格は、その順番で高くなっていきます。計算には構造ごとの建築価格が必要になりますが、私の場合は国税庁が出している建築価格を参考にしています。(図3－5)

7 備考欄

中古物件の場合、特に気をつけたいのが備考欄です。ここに「再建築不可」「容積率オーバー」と書いてある物件はなるべく避けましょう。再建築不可は、建物を取り壊したら次に同じ建物が建てられません。容積率オーバーは、法律で定められた容積率を超えている建物です。両方とも現在の建築基準法に適合していないので金融機関か

図3-5

建物の標準的な建築価格表

（単位：千円／㎡）

構造 / 建築年	木造・木骨モルタル	鉄骨鉄筋コンクリート	鉄筋コンクリート	鉄骨
昭和56年	98.3	161.8	138.7	91.7
57年	101.3	170.9	143.0	93.9
58年	102.2	168.0	143.8	94.3
59年	102.8	161.2	141.7	95.3
60年	104.2	172.2	144.5	96.9
61年	106.2	181.9	149.5	102.6
62年	110.0	191.8	156.6	108.4
63年	116.5	203.6	175.0	117.3
平成元年	123.1	237.3	193.3	128.4
2年	131.7	286.7	222.9	147.4
3年	137.6	329.8	246.8	158.7
4年	143.5	333.7	245.6	162.4
5年	150.9	300.3	227.5	159.2
6年	156.6	262.9	212.8	148.4
7年	158.3	228.8	199.0	143.2
8年	161.0	229.7	198.0	143.6
9年	160.5	223.0	201.0	141.0
10年	158.6	225.6	203.8	138.7
11年	159.3	220.9	197.9	139.4
12年	159.0	204.3	182.6	132.3
13年	157.2	186.1	177.8	136.4
14年	153.6	195.2	180.5	135.0
15年	152.7	187.3	179.5	131.4
16年	152.1	190.1	176.1	130.6
17年	151.9	185.7	171.5	132.8
18年	152.9	170.5	178.6	133.7
19年	153.6	182.5	185.8	135.6
20年	156.0	229.1	206.1	158.3
21年	156.6	265.2	219.0	169.5
22年	156.5	226.4	205.9	163.0
23年	156.8	238.4	197.0	158.9
24年	157.6	223.3	193.9	155.6
25年	159.9	256.0	203.8	164.3

※国税庁HPより

平成21年築の木造の建築単価は15万6600円／㎡になる

らの融資が難しくなります（違う物件を購入するときの共同担保としては評価してもらえる場合があります）。

また、築古物件、ＲＣ物件などを買うときには、諸経費がかかりそうな設備や仕様がないか？　を確認しましょう。たとえば浄化槽や受水槽、エレベーターなどは年間の保守費用が多くかかる設備です。

浄化槽とは、下水管の整備されていない地方などでよく見られる汚水を浄化するための装置です。毎月の点検費用と、年に数回の洗浄費用がかかります。私が最初に購入した中古ＲＣ物件に浄化槽がついており、定期点検は月３万円、年に1～２回の洗浄費用は10数万円を提示されて、管理会社と交渉して定期点検を１万２０００円に下げてもらいました。

受水槽というのは、昔は水道管の水圧が足りなかったので高い建物は上階に、この受水槽を設置してそこから各家庭に給水をしていました。こちらも中古物件ではよくある設備で、年1回の水質検査が義務づけられています。そして受水槽も壊れると修繕費用が多額になります。

木造の新築アパートであれば、そもそもこういった「定期的にそれなりのお金のかかる設備」は、ほとんどありません。それもおすすめのポイントです。

また賃貸経営に不利な設備等の情報は、物件概要書でもとても小さく記載されていたりして、見逃しがちです。また普段馴染みがないのでどれぐらいの経費がかかるのか、ぱっと見ではわかりません。自分がわからないことこそ、深く探りをいれて理解することが失敗を回避することにもつながります。

③問い合わせ
売買の不動産仲介に問い合わせをする

いい物件が見つかったら、物件情報に書いてある「専任」か「媒介」かをチェックします。

「専任」となっていれば、売主側の売買の不動産仲介（元付け）を意味します。売主と直接つながっているので買い付けの状況をすぐに把握できたり価格交渉がしやすくなります。専任の場合は売買の不動産仲介が「両手」と言って仲介手数料を買主、売主両方からもらえるので、積極的に価格調整をしてくれたり、仲介手数料の減額交渉ができる場合もあります。

通常、広告サイトに載っているのは「媒介」になります（「一般」と書いてある場合もあります）。その場合、ほとんどは売主さんと直接はつながっていないことになりま

図3-6
専任媒介

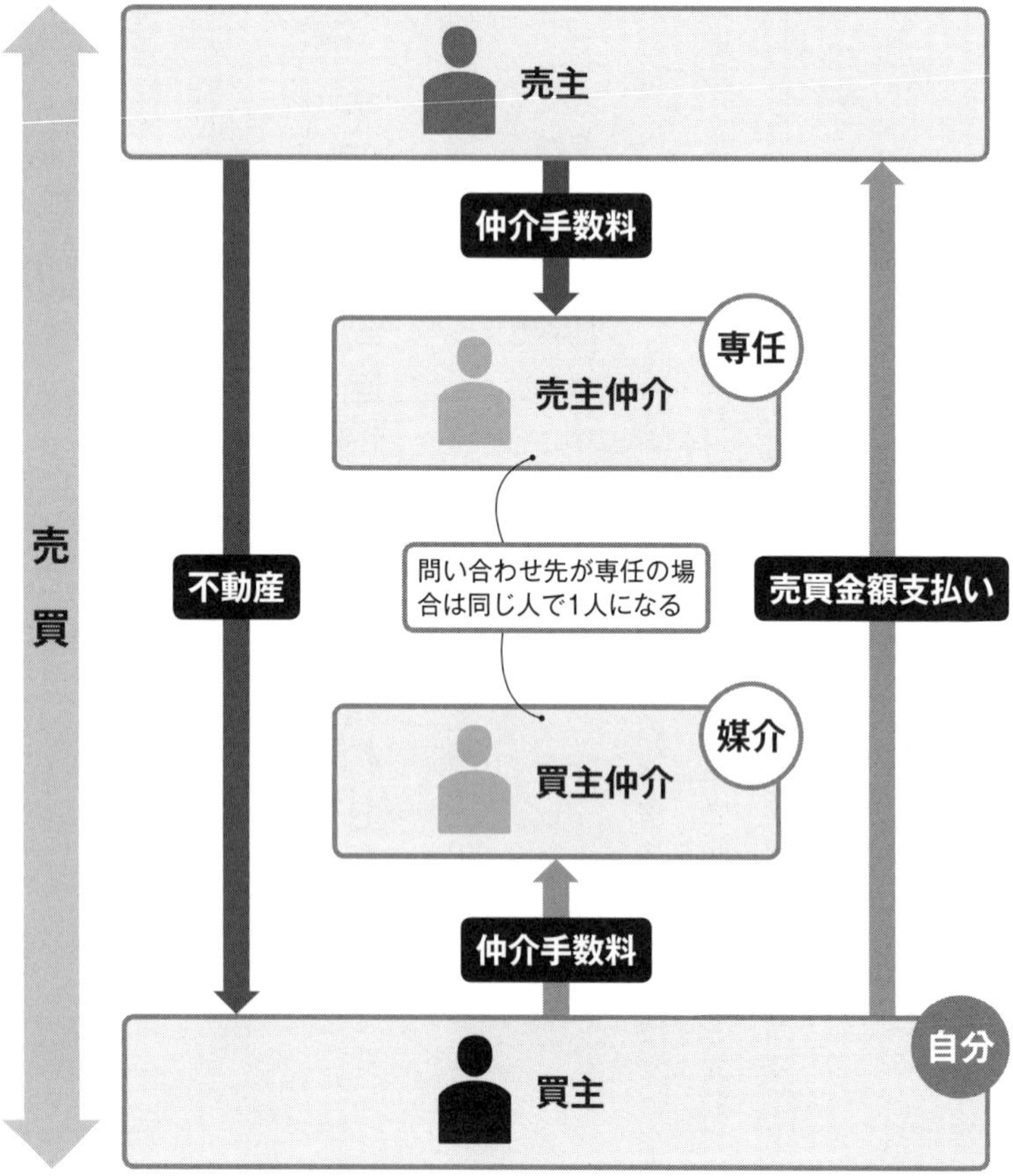
売買
売主
仲介手数料
専任
売主仲介
不動産
問い合わせ先が専任の場合は同じ人で1人になる
売買金額支払い
媒介
買主仲介
仲介手数料
自分
買主

す。

専任や非公開物件の場合、その広告を出している業者でしか取り扱いができない場合がありますので、その場合は、直接その業者に問い合わせをいれます。

私の場合は、専任でも媒介でも、とりあえず、信頼している売買の不動産仲介に問い合わせをいれて、取り扱えるかどうかを聞きます。

そして取り扱える場合、

- 既に買い付けが入っているか？
- その買い付けが満額か？
- その場合何番手か？
- 指値交渉の余地があるか？　などを聞きます。

既に提示された額、つまり満額で、たくさんの買い付けが入っている場合は、今から買い付けを入れても購入できる可能性があるか？　を聞きます。

実は、人気物件は情報が公開されてから、ものの数分で買い付けが何本も入ることもあります。

2番手、3番手でも、状況次第で、もしかして購入の順番が回ってきそう、ということであれば、詳細資料をもらい、もう一度シミュレーションを精査して、買い付けを入れることが決まったら現地を確認しに行きます。

施工する建築会社も聞いておきましょう。後ほど詳しく書きますが、大手ハウスメーカーであれば信頼もできますし、そうでなくても名前がわかればインターネットでホームページをチェックしたり、評判を調べることもできます。

業者に問い合わせを入れるのは慣れです。最初は知らない業者さんに電話するのが嫌かもしれませんが、メールでのやりとりでは、売買の不動産仲介に後回しにされてしまいます。急いでいるときこそメールではなく電話で確認するくせをつけましょう。

購入まではスピードが命。本当に欲しい物件は電話で即座に問い合わせを入れることがとても重要です！

④現地確認、調査、数値シミュレーション

現地確認をする

私は、新築の足が速い物件については、そもそも物件はまだ建っていないですし、現地に行っている余裕もないので、土地勘があれば、グーグルマップ＋近隣不動産屋さんへの電話だけのときもあります。

でも通常は物件購入のための現地確認は大事なので、ここで私なりの手順や確認のポイントをまとめておきます。

- 現地に行ったら、まず最寄駅の様子を見ます。どんな人が住んでいる地域か？ 駅や物件周辺施設（コンビニ・スーパー）がどこにあるかを確認します。
- 次に、週辺のアパート・マンションの戸数と入居率を確認します。入居状況がよくわからない場合は部屋募集の看板や、収益物件の名前を控えておき、賃貸物件検索サイトなどでチェックします。
- 近所の人（女性がおすすめ）に入居者を装って「ここ（もしくはこの辺）に住みたいんですけど変な人が住んでいたり、事件があったとかありませんか？ この辺は住みやすいですか？」などを聞きます。女性に尋ねるのは、男性よりもご近所ネットワークなどを活用されている方が多く、いろいろと情報源を持っているので詳しい話を聞けることが多いからです。
- 駅前の不動産屋さんにも調査します。非公開物件のときなどは入居者を装って、売買がオープンになっている物件については購入したい投資家として、近隣入居者層や空室の多いエリアかといったことを聞きます。不動産屋さんは、新たに収益物件の管理を任せてもらえるかも、という気持ちがあるので、わりと親切に教えてくれます。その場合、忙しそうな時間帯は避けましょう。新築の場合はいくらで貸せるか？　家賃査定もお願いすると、そのエリアに合った家賃を出してくれるはずです。

・中古の場合、物件の状態の確認も大切です。壊れているところや外壁塗装などの大規模修繕が近々必要か？　などもチェックします。

遠方物件の場合は、事前に電話での調査を入念にしてください。この作業を緻密に行なって、遠方でも物件を直接見ることなく購入される大家さんもいらっしゃいますが、購入前の現地確認は非常に重要だと思います。

利回りや手取り額ばかりを追い求めて売買の不動産仲介に騙されて変な物件を購入しないために、ぜひいろいろな角度から見て、自分なりに調査してみてください。

⑤買い付け
いよいよ、買い付けを入れる

現地確認が済んだら買い付けです。売り主さんに、「この金額で買いたいです」と書面によって意思表示をします。「買い付け証明書」または「購入申込書」といいますがどちらも同じ意味です。購入希望価格や手付金の額などを書いて、署名捺印をします。

新築はとにかく足が速いので、私は印鑑を持参して現地確認に行き、その場で買い付けを入れたこともあります。それでも、午前中に見に来た人が買い付けを入れてしまった！　などタッチの差で購入できなかった物件は山ほどあります。そのぐらい、いい物件になるとスピード勝負です。

私は、新築の情報を受け取ったらすぐに、そのエリアに詳しい地元の管理会社など数社に電話して周辺の賃貸状況を確認し、速攻で賃料査定をざっくり出してもらい、買い付けの判断にしています。

買い付けは、1番に立候補して満額で買い付けたら、大きなアドバンテージになります。

ただし、必ずその人が買える保証はありません。融資を使わず、全額、現金で購入するような「現金買い」の人がいる場合や、物件価格より高い買取価格を提示する人がいた場合は、1番手だったとしても順番を覆されてしまう可能性があります。売り手側としても、確実に売れる相手、そして売却金額は高いほうがいいというわけです。

中古の物件確認で注意したいこと

物件の詳細資料は個人情報等の関係から買い付けをいれないともらえないことが多いです。

中古の場合は、どんな人がいつごろから入居しているのかというレントロール、ほかにも、その物件の修繕履歴、電気代など毎月かかるコストや実際の収支を売主さんに教えてもらって把握しておきましょう。

年間諸経費20％で見積もっていても、ＲＣ（鉄筋コンクリート造）だと設備の保守管理費が想像以上にかかったりします。遠方物件は土地勘があるエリアとまったく異なるコストがかかる可能性があります。

たとえば雪国の冬の経費、除雪用の雪を溶かすロードヒーターのための光熱費（灯油や電気代）はかなりの金額になる場合もありますし、いったん、空室になってしまうと、人口が少なくて入居するまでに5～6か月かかってしまうような特別なエリアも要注意です。

また入居付けのための広告料が5～6か月分当たり前というエリアもあります。広告料という名前ですが、通常、これは入居付けをしてくれた賃貸の不動産仲介に支払うお礼と思っていただいてよいでしょう。

さらに、物件が10年近く大規模修繕の履歴がないならば、近隣の管理会社や工務店に、大規模修繕の時期の予測と簡単な見積りをお願いしましょう。コストを正確に把握していないと収支が成り立たなくなる可能性もあります。

また先述した通り、賃借人の情報が載っているレントロールで、長年住み続けて家賃の高い入居者がいる場合も要注意です。購入した途端に退去されてしまうと、新しい人に同じ家賃で住んでもらうことが難しいからです。家賃の値引き交渉を受ける可能性を考慮して、ほかの部屋の家賃と同じレベルに計算し直す必要があります。

物件の収支が自分の想定と異なるものになってきたら、それを理由にさらに指値(値引き)交渉します。特にいくらという決まりはありませんが、私の場合、自分の得たい手取り額になる売買金額から修繕費用を引いた値段を指値します。

最初は強気に、そこからさらに数百万円差し引いた金額で買い付けを入れることもあります。

ちなみに新築は基本的に指値が通らないと考えておくといいと思います。利回りが低くても欲しい人がたくさんいるからです。

買い付け後でも、あきらめる勇気を持つ

前述しましたが、後からいろいろな悪条件が出てきて収支が成り立たないのであれば売買の不動産仲介や審査してくれた銀行に申し訳なくても諦めるべきです。収入とコストとリスクの正確な把握が不動産投資で成功するためには絶対必要不可欠だからです。

買い付け証明書にいくら署名捺印をしたと言っても、法的な拘束力はないので、想定外のことがあったりして収支が合わないのであれば、買い付けは流して大丈夫です。ただし、何度も買い付けを流していると仲介会社のブラックリストに載ったり、仲介営業担当のペナルティになって心証が悪くなってしまいます。そうなると、良質な物件情報を得られなくなる可能性があるので気をつけたいところです。

本当に欲しいと思える物件ならスピーディーに、覚悟を持って買い付ける。この心意気が大事です！　ちなみに、パっと決断して買うのは圧倒的に女性が多いそうです。男性よりも女性のほうが、肝が据わっている部分があるのかも……。

⑥融資事前審査

融資の打診――事前審査を受ける

買い付けを入れたら、すぐに融資の打診です。

融資してくれそうな銀行に物件資料と属性資料を持ち込み、融資の打診をします。

私の場合は銀行を売買の不動産仲介に紹介してもらい、5万円＋消費税がかかりましたが、不動産に対する融資に積極的な銀行担当者を紹介してもらえたし、金利交渉など自分で打診するよりも有利な条件を引き出してもらえたので、このお金は払う価値のあるものでした。

融資が上手くいかなければ購入できない物件もあります。間に入ってくれる方の違い、打診してくれる支店の違いで融資額が数百万円も変わることもあります。

プロにお任せしなければ実現しないことに関しては、ある程度の支出は必要と考えてみてください。

実は、融資の打診は、自力で行うより売買の不動産仲介を通すほうが話が早いです。彼らがすでに融資の実績のある銀行を紹介してくれるからです。銀行紹介手数料をとる業者と、とらない業者がいるので事前に確認するようにしましょう。

日頃からたくさんのお客様の物件購入を実現している売買の不動産仲介であれば、たいていいくつかの銀行に物件評価をあたってくれます。銀行によって、同じ物件でも融資がいくら出せるかというのはさまざまです。

さらに、**物件購入前から、自分の属性資料をあらかじめ渡しておけば、その資料を一緒に銀行に渡してくれるので属性評価も含めた融資額の打診ができ、次に融資を打診するときに素早く動けます。**

繁忙期や、一見《いちげん》さんの場合は、銀行が評価するのに時間がかかることがあります。反対に、何度か事前審査を打診していたり、すでに物件購入の実績があって使っている銀行なら審査は早くなります。

審査の目安は銀行や個々の実績にもよりますが、簡単な物件評価だけなら2〜3日、属性も含めた融資の方針に関しては1〜2週間、実際に融資できるかどうかとなると2週間〜1か月ぐらいかかります。

買い付けが二番手だったとしても、融資付けできた人の順番が優先されて購入に至ることは多いです。また、融資がある程度決まらないと売買契約に持ち込めないことも多いので、とにかくスピード勝負です。ですから、前述した属性資料の作成など事前準備は必ずしておいてくださいね！

⑦売買契約、⑧融資承認

売買契約

事前審査で融資が降りることがほぼ決まったら、売買契約です。売主と買主で契約書を交わします。売買の不動産仲介の宅地建物取引主任者（宅建主任者）が売買契約書と重要事項説明書を読み上げてくれるので、2～3時間かかります。

売買契約書、重要事項説明書は、売買の不動産仲介に事前にデータでもらうのがベターです。細かな内容をチェックしておき、用語を含めてわからないところはあらかじめ質問して教えてもらいます。

特に中古の場合は、瑕疵《かし》担保免責（物件に何らかのキズ・瑕疵などがあっても売り主が責任を負わないこと）になっていたり、ローン特約（融資が受けられなかった場合に、契約を白紙解約でき、手付け金なども戻ってくる、買う側に有利な特約）を付けない、という買主に不利な条件になっているものもあります。

また境界の明示、道路の制限、ハザードマップ（自然災害の被害などの予測を表した地図）などもよく確認しましょう。もし不利な条件を飲まなければ購入できないような物件は怪しいです。

たとえば、境界が非明示になっていて「後日、争いや問題が起きても売主は一切責任を持ちません」などと書いてある物件は、**絶対に後日問題が発生する「何か」を抱えている可能性が非常に高い**です。

売買契約のスピードの波にのまれそうになったり、売買の不動産仲介の「大丈夫」という口車に乗せられそうになっても、ここはいったん深呼吸。いざとなったら購入を断る勇気を持ってください。契約をしてしまったあとでは引き返すのはかなり大変なので、理性を働かせて冷静に判断しましょう。

売買契約と同時に手付け金を支払う

売買契約と同時に手付け金を支払います。

建売には多いケースですが、売り主側が、個人ではなく、宅建業者の場合は保全措置（その業者が倒産してもその手付け金が保全される手続き）の対象にならない金額の範囲（新築の場合であれば物件価格の5％、中古であれば10％以下かつ1000万円以下でキリのいい数字）のことが多いです。

新築の場合、
3000万円未満なら100万円
6000万円未満なら200万円
6000万円以上なら300万円ところでしょうか。
キリがよくなくても、きちんと端数も出して1円単位で5％の金額を提示してくる元付け業者（売り主側の業者）もいます。

地域によっては、たまに手付けを払わなかったり、少額で進めることもあるようです。買うときはいいですが、自分が売却のときには、先方のいいなりにならずに売買価格に対応した手付けをいただくようにしましょう。なぜなら、手付けは売買契約の責任の重さを表しているからです。

余談ですが100万円の帯封をお財布に入れておくと、100万円をお財布に入れているのと同じ効果があって金運にいいそうです。

私は、ATMではなく、きちんと銀行窓口で帯封付きで手付け金をおろして、売主さんにお渡しするときに帯をいただいています。それをお財布に入れて大切に持ち歩いています（写真）。

手付け金は大金なので、ATMで1日の引き出し限度額にひっかかる場合もあります。当日では慌てることもあるので、前もって用意しておきましょう。遠方の場合は振り込みでやり取りすることもあります。

⑨管理会社選定
管理会社の選び方

売買契約、手付け金の支払いまで終わり、融資の本承認を待っている間は、管理会社をどこにするか決めます。新築や中古で空室がある場合は賃貸募集を出す必要があるので、なるべく早めに決めましょう。中古の場合は引渡し前に募集してもいいか売主さんに確認してください。

新築の場合、広告を出す前の段階で、「1棟借りしたい」とか、数か月先の研修のあとで社員が住む部屋を探している法人から水面下で打診される場合もあるので、竣工まで半年先だったとしても売買契約後にすぐに管理会社を決めましょう。管理会社も、時間があるほど余裕をもって客付けができます。

「管理会社って、どんなふうに選んでいますか？」という質問をよく受けるのですが、私は、物件の最寄り駅を飛び込みで5店舗ぐらい回ったり、売買の不動産仲介から評判のいい管理会社を紹介してもらう場合もあります。

ネットで検索することもあります。「○○（エリア） 賃貸」で検索したときにSEO対策（インターネットで検索されやすい対策）をしっかりされている会社や、ホーム

図3-7
管理会社候補への質問事項

・会社全体の管理戸数、管理棟数	・物件エリアの管理戸数・管理棟数等
・エリアでのシェア	・全体とエリアそれぞれの入居率
・営業年数	・管理費は何%か
・広告料は何か月か	・入居者に対する仲介手数料は何か月か
・更新事務手数料は何か月か	・物件巡回の回数
・一般清掃費用、回数	・近隣住民への挨拶回りの有無
・入居者の審査過程(保証会社だけでなく店舗・自社での審査があるか?)	・利用している保証会社
・家賃設定をどれぐらいにすべきか?(ざっとでいいので)	・広告を出すサイト
・フリーペーパーの有無	・滞納時の対応方法
・家賃回収率	・自社独特のサービス
・周辺賃貸状況についての見解	・賃貸管理システムの有無
・管理部門の有無	・修繕等が発生したときに自社で施工できる部門もしくは関連会社があるか? など

ページが充実している会社を見ると「ネットの集客がうまいかもしれない」と思い、管理会社候補に入れることもあります。

管理会社を絞ったら、直接、それぞれの店舗に出向きます。

このとき同じ質問をします。私は、右ページ図3-7のようなことをいつも尋ねています。

これらを質問して、その回答により管理会社をA、B2社ぐらいに絞り、続いて、消防点検、定期清掃、高圧洗浄などの建物保守の見積もりも出してもらいます。

ここで管理費等に差が出れば「A社はこの値段でやってくれると言っています」と価格交渉をします。委託管理費のパーセンテージについても同様に交渉していきます。新築であれば実際に家賃査定を出してもらいましょう。

管理会社が決まったら募集条件、管理条件の打ち合わせや確認をします。中古の場合は、売主が現在預けている管理会社から、賃貸契約や保証会社の引継ぎをしてもらいます。

管理会社は、入居者と接するとても重要な立場です。だからこちらも、実際に店舗を見て担当者とお話しして、この人なら、この会社なら信頼できると確信したうえでお願いしましょう。

新築物件で、客付けを競ってもらう

ちなみに私の場合、新築のうちの1棟については、2社と一般媒介契約をして広告を出してもらいました。最初は先に半数以上の部屋の入居付けができたほうに一括で建物管理委託契約を結ぶという条件で競ってもらいましたが、お互いの差がなかなか縮まりません。そこで、1棟丸ごと預けるのではなく、客付けした部屋ごとの管理委託契約を条件にして、早く埋めてもらうために競争してもらいました。

1社はもともと付き合いのあるターミナル駅前のイケイケの管理会社。もう1社は売買の不動産仲介に紹介された物件近くの地場に根付いた管理会社にお願いしました。

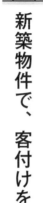

地場の業者さんはのんびりした雰囲気だったので競争という感じではありませんでしたが、地元で働いていてセカンドハウスを探されている方や、実家や兄弟の家が近いなど、将来的に見て、引越しの可能性の少ない方を入れてくださいました。

入居付けを促進するための確実な競争方法であるとは思いませんが、管理会社の倒産や入居者の質を偏らせないリスクマネジメントからも、部屋ごとの管理にチャレンジしてもいいかもしれません。でも2社の調整をある程度、自分がしなければならなかったり、嫌がる業者さんもいるので、そこは、コミュニケーション次第で、探ってみてください。

⑩金銭消費貸借契約
銀行と金銭消費貸借契約を結ぶ

売買契約から1～2か月で金融機関から融資の本承認がおります。ここでNGになった場合のために、「ローン特約」があります。

この特約があると、銀行が融資をしてくれない場合には、売り主側は手付け金も戻して売買は白紙解約になります。買い手側を守るための制度ですが、中古などで買いが殺到するような条件のいい物件の場合は、「ローン特約なし」でもいいので購入したいというテクニックを使う投資家の人もいます。

そして、本承認が無事、おりたあとは、決済の2週間前ぐらいに銀行と金銭消費貸借契約を結びます。略して「金消《きんしょう》」と言います。

融資を受ける本人・連帯保証人両方が銀行に赴く必要がありますが、事情があれば銀行によっては家に来てくれることもあります。

銀行によって、用意する書類はさまざまです。抵当権設定のために必要な謄本（法人）と印鑑証明（法人・個人）、金融資産を証明するもの（利用通帳や保険証券）だけが必要なところもあれば、それ以外に住民票、過去3年間の税金の納税証明書類すべてが必要な銀行もあります。

これらは入手に時間がかかる可能性があるので、銀行から必要書類の連絡を受けたらなるべく早く手に入れます。決済当日に必要な書類は、売買の不動産仲介から司法書士の先生に確認してもらい、一緒に揃えるようにしましょう。

私は、物件ごとに口座を分けているので、新たに物件を買うたびに普通預金口座の開設をします。口座を作っている間に、

- 銀行取引約定書
- 金銭消費貸借契約
- 金利ならびに繰り上げ返済に関する特約書
- 抵当権設定契約証書
- 個人情報利用に関する書類

などに署名捺印して、通帳ができあがったらそれぞれの書類に口座番号を記入しています。

〈条件付土地購入の場合〉

土地を先に購入してこれから建築する建物に関して一括実行融資を受けた場合は着手金以外は通知預金もしくは定期預金に預け入れて、

・預金質権設定契約証書

を作成し、預金証書は銀行に預けます。

そのほか、銀行によって書類がふえることもあります。日本政策金融公庫の場合は、必要書類が異なりますので注意してください。

金消契約当日は、とにかくたくさんの書類に住所氏名の記入と捺印が必要です。普段手書きの書類作成に慣れていない人は、署名しすぎて腱鞘炎《けんしょうえん》状態になるのを覚悟してください。連帯保証人が高齢の場合は細かい字を正確に書くのが大変です……。時間に余裕を持って臨みましょう。

また法人の場合は、事前に住所や会社名、代表取締役の名前が入っているゴム印を作成しておくと便利です。

コストカットの意識が大切！
火災保険は見積もり比較で

決済までに火災保険の手続きをします。銀行が火災保険に質権の設定をする場合もあります。その場合、基本的に保険期間は借入期間と一緒になりますので、借入期間が長いと大きな出費となります。

特にＲＣは、建物の価値が大きいので保険料も高額になり要注意です。

また銀行から保険期間を指定される場合もあります。銀行としてはできるだけ長く融資を借り続けてほしいので、あまり短い保険期間は心証が良くないようです。手元に資金がない場合は致し方ないですが、２～３年で売るつもりでも５～10年ぐらいは入っておいたほうが良さそうです。

また決済日始期の火災保険申込書の控えを確認する銀行もあります。

私の場合ですが、新築ではあまり必要性が無いと思われる項目やオプションを外すことができる火災保険会社を利用して、無駄なコストはなるべくかけないようにしています。たとえば、竣工したばかりで建築会社の設備保障もあるから給水排水設備の事故から生じた水漏れなどは不要かな、など考えて、自分の物件に本当に必要かどうかを吟味してカットした結果、10年で保険料が6万円以下という物件もあります。

ただし、最近は非常に大きな台風や大雪が首都圏を襲っています。自然災害や突発的な事故など予測できないリスクに備えるのが保険なので、地震保険も含めて資金に余裕があればなるべく入っておいたほうがいいでしょう。建物の評価額を下げて保険料を安くするという方法もあります。しかし、こちらも何か保険事故が起きた場合、その分もらえる保険金額が下がるのでご注意ください。中古の場合はいろいろな保険事故に対応できる、火災総合保険などがおすすめです。

また、現在は免責金額(保険金がおりない金額)のないものが多くなっています。小修繕でも保険がおりるように、免責金額のない保険を選ぶようにしましょう。共済は、保険料は安いですが、それなりで、保険事故が起きたときに修繕に十分必要な保険金がおりないこともあります。

- 費用対効果
- コストカット（経費削減）
- 将来の災害予測
- 将来の修繕費用補填
- 銀行の対応

それぞれを加味して、納得いく火災保険に加入できるといいですね。

地震保険について

特に築古は、「全損《ぜんそん》」といって建物の維持が難しいと判断されるような壊めつ的な損害をうけたと認められれば、「再調達原価」、つまりその建物を、今建て直したとき必要な額の半額がもらえるので大きいです。

たとえば3000万円で購入した築古物件で、現在、建て直したら4000万円くらいかかるとします。それで、大地震が起きて全損が認められれば、2000万円も保険金が下りるということになります。地震保険は火災保険とセットですので火災保険の見積りと一緒に提示されます。火災保険と違っていろいろなプランがあるものではないので、基本的にどの保険会社でも似たような保険料になります。

⑪決済、物件引渡し

決済、物件引渡しは同日に行うことが多い

新築の場合は決済の1~2週間前に施主《せしゅ》検査(建物の傷や汚れ補修箇所をチェックすること)を行い、決済までに建物を完璧な状態にしてもらいます。

図3-9
物件取得までの流れ

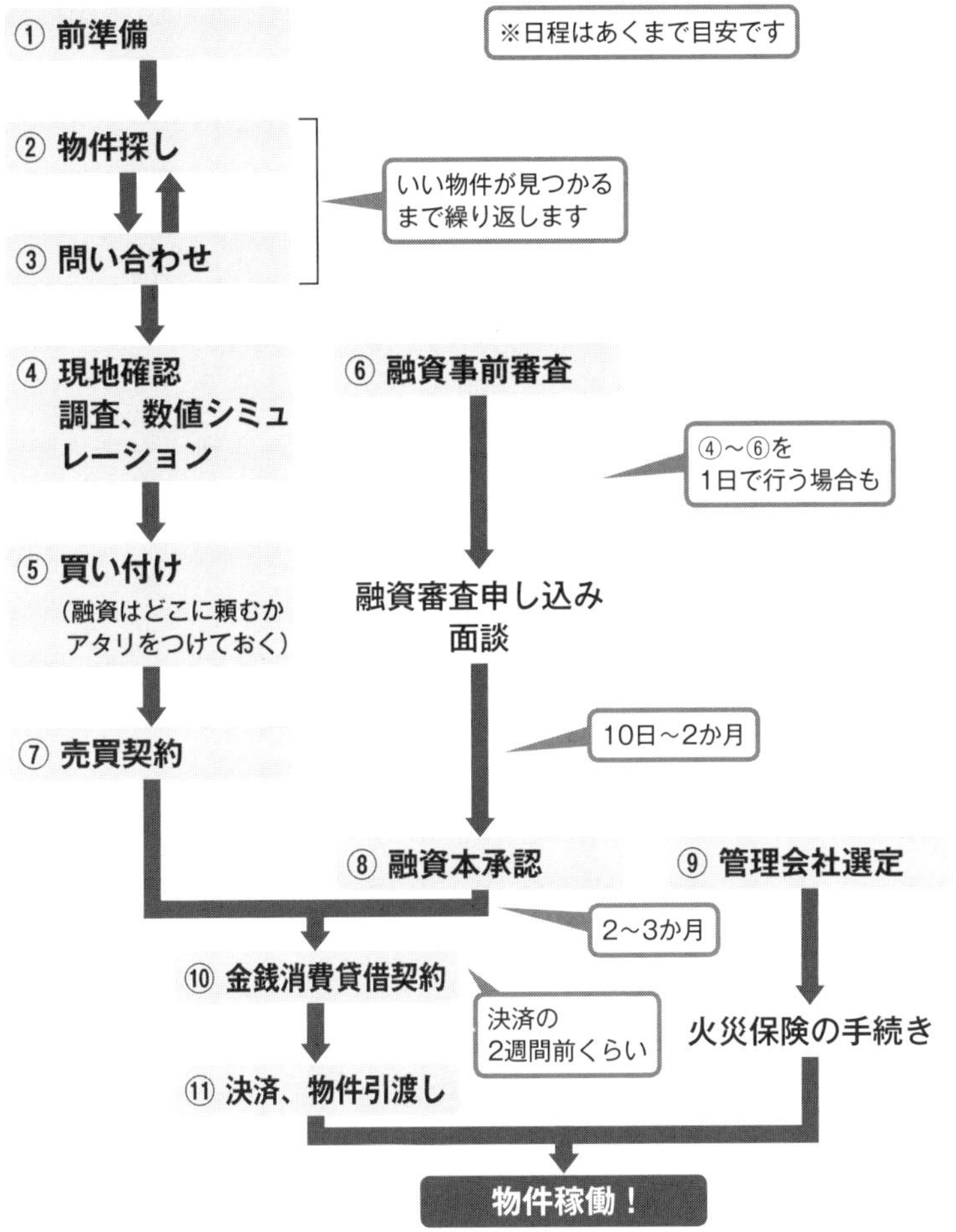

決済当日に必要な書類は前もって用意して持参します。

司法書士の先生に手続きをお願いする委任状にサインしたら、融資実行手続きが開始となります。物件残代金、仲介手数料、損害保険料、司法書士費用などの振り込み依頼書や引出伝票を作成して実行されるのを待ちます。

実行されるまでに早ければ30分、月末など銀行が混んでいるときだと3時間以上かかることもあるので、早く終わらせたいときは、決済日を銀行が混みそうな五十日《ごとおび》や月末は外して違う日にしましょう。

そして、待っている間に引渡し書類の説明、確認、新築の場合は建築保証の説明とサインなどをします。

可能であれば、管理会社に立ち会ってもらい、その場で鍵と、中古の場合は賃貸借契約書を受領してもらいましょう。無事に融資が実行されて、購入代金等の振り込み確認が取れれば晴れて引渡しが完了です。その日から、あなたは大家さんになるのです。

以上が、物件取得までの流れです。

第4章

すぐできる！未公開物件を手に入れるノウハウ

新築アパートは「未公開」「建売」を狙え！

一口に「新築アパートを買う」といっても、大きく分けて3つの形態があります。

①建物が完成してから土地とセットで購入する「建売」パターン

②建築を行う施工会社が、土地を探してきて建物を提案する「条件付土地」を購入するパターン

③自分で土地から探してきて、建築士や施工会社も発注し、一から作り上げる「ぜんぶ自分で」パターン

いちばん利回りが高いのがすべてを自分で手配する③です。

ただし、全部自分で行うケースは、土地探しをする際は、土地仕入れ業者とライバルになります。さらにその後の設計士選び、施工会社選びなども、ゼロから選ばなければなりません。今のように、建築業界が人手不足の場合は、自分で良い会社を見つけて発注するのは至難の業といえるのではないでしょうか。

私が経験したのは①と②です。

ふつうの人は建築に関して、まったくの素人であることが多いと思います。サラ

図4－1
新築アパート３つのパターン

❶建売

売買契約
↓
竣工時引渡し
決済

❷「条件付土地」と建築計画を施工会社が提案

土地の売買契約
建物建築契約
↓
建築確認申請
↓
土地の金消契約
↓
土地決済・引渡し
↓
建築確認申請がおりる
↓
建物金消契約
↓
着工金支払い
（建築価格の30%）
↓
上棟金支払い
（建築価格の30%）
↓
建築確認済証取得
竣工時決済
（建築価格の40%）

❸全部自分で手配

土地探し
↓
ボリューム図（どれくらいの大きさの収益物件が建てられるか？）
見積もり
↓
土地の金消契約
↓
土地決済・引渡し
↓
建物施工見積もり
工事を管理する建築士を雇う
↓
施工会社決定・建築契約
↓
建築確認申請
↓
建築確認申請がおりる
↓
建物金消契約
↓
着工金支払い（建築価格の30%）
↓
上棟金支払い（建築価格の30%）
↓
建築確認済証取得
竣工時決済（建築価格の40%）

かからない ⟵ 手間 ⟶ かかる

リーマンなど本業が忙しい人や、私のような子育て中の主婦などは、①でも②でも、物件を見極めることさえできれば、苦労も少なく、手間いらずで新しいアパートが手に入ります。

ただし、②は土地から探す分、①の建売を購入するよりもハードルは高くなります。契約も土地の決済と建物の決済がそれぞれ別であるなど煩雑です。初心者であれば、まずは①の「建売」に絞って探すのをおすすめします。

建売は、よく不動産投資家の間で「販売業者の利益がかなり乗っているので、うまみは少ない」と言われますが、すべてがそうではありません。それなりに利益はのっているでしょうが、物件さえよければ毎月の手取り額をきちんと稼ぎ出してくれます。手間のかからない物件で大家さんの経験を積めるのもいいところ。さらに利回りなどの条件がいい未公開物件や、公開されたとしても数時間で売れてしまうような好条件の新築なら、建売で購入するのは大きなメリットがあると思います。

重要なのは、きちんと満室になって稼働してくれるかどうかです。満室にするには、「新築だから」だけではダメで、駅からの距離や内装、外観も含めて建物そのものに魅力があるかどうかも大切ですし、利回りと物件価格のバランスをみる視点も必要です。

そもそも未公開物件とは、どんなもの？

本章では、前述した①の「建売」で、条件がいい未公開物件を手に入れる方法をお伝えします。

「未公開物件」と聞くと、〝特別な物件〟というイメージがありますよね。これは特に定義はないと思うのですが、この本では「レインズ」に乗る前の物件のことを指しています。

レインズとは、登録不動産業者しか見られない物件のデータベースのことです。これは、国土交通大臣から指定を受けた「不動産流通機構」が運営していて、日本全国の物件情報が見られます。

売主から売却依頼を受けた専任売買の不動産仲介は、必ずこのデータベースに物件情報を載せなければなりません。

建売の売主業者の本音は、物件情報を公にして、広告などのお金や手間をかけて売るよりも、いつもいいお客さんを見つけてきてくれる信頼できる売買の不動産仲介に直接案件を持ちかけて、早急に買主を決めてもらうほうが楽ということがあります。

だから、格安に土地を入手して2週間～1か月ぐらいは、仲の良い不動産会社に対してのみ限定して情報を流して、レインズの掲載やネット広告などの公開も避けています。

そして、だいたいの購入者が決まったら短期間レインズに登録し、すぐにそのデータを取り下げるという方法がとられている場合もあります。

また、仲介担当も無駄な労力は使わないのでいい未公開物件情報が入ってきても、確実に購入できそうなお客様数人にしか声をかけません。

もちろん、未公開物件のすべてが良い物件とは限りませんし、未公開物件をダシにしてわざと販売価格を高めに設定しているところ、ほかの物件を売りたいがための餌にする業者もありますが、信頼できる売買の不動産仲介に絞ってお付き合いをしていれば、総じて耳寄りな情報を提供してくれる確率は高いと思います。

物件はいつ出るかわかりません。その恩恵にあずかるためにも、売主業者と太いパイプを持っているような、しっかりとした売買の不動産仲介を選ぶ目をもつことが大切です。

未公開新築アパートを紹介してもらうには？

さて、主婦であるふつうの私がどうやって、未公開物件を紹介してもらったのか。何か特別なことをしたのでは？　と思う方も多いと思いますが、そんな魔法はありません。**本気で買う気をみせて、できる売買の不動産仲介とまじめにお付き合いしたから、**というのが理由です。そんな簡単なことでいいんです。まず信頼関係を築くこと、これが肝心だからです。

まず未公開物件を教えてもらうには、未公開情報がたくさん舞い込んでくる信頼の置ける売買の不動産仲介を見つけなければなりません。

売買の不動産仲介の良し悪しは、物件の買い付け時にも影響を及ぼします。

現に私は、先日も、買い付け時には2番手だったのに、私の担当だった売買の不動産仲介の売主業者からの信頼が高かったおかげで買い付けの順番を繰り上げ、一番手となることができました。

なぜそんなことがあったのか？　その理由は一番手の方が利用していた売買の不動産仲介が売買契約から決済までの間に白紙解約になったことが何度かあったようで売

主業者からの信用度が少し低かったからということでした。その点、私が利用していた売買の不動産仲介はそのような問題があまりなく決済まで順調に進めてきた実績により信用度が高かったのです。

以前も何回かこのような感じで、売買の不動産仲介の信用力で、購入は難しいと思っていた物件を引き寄せいていただいたことがあります。

自分が融資付けできるかどうかも、物件を引き寄せる大切な要素ですが、信頼ある売買の不動産仲介を通して買い付けを入れることもかなり大切です。

そういう売買の不動産仲介を見つけるにはどうすればいいのでしょうか？

私の場合、まず、収益物件の検索サイトで自分が探しているエリアで物件を多く取り扱っている売買の不動産仲介にコンタクトを取りました。多くの売買物件の情報を掲載しているということは、それだけ売買の情報が集まりやすい会社と考えたからです。

また、新築の案件をたくさん載せている売買の不動産仲介であれば、新築アパートの売主業者と直接つながっている可能性もあります。

次に、業者を見つけたら電話をして、新築アパートを購入したい旨を伝えます。その会社で一番新築アパートの仲介をしている営業担当につないでもらいアポを取り、訪問して面談します。知人大家さんの紹介でもＯＫです。

とにかく、このときにできる営業マンをつかまえられれば、もう半分は成功したも同然です。

受け取った情報に関して、きちんと素早く返答をする

売買の不動産仲介での面談が決まったら、事前準備をしていた自分の属性資料のすべてを渡し、自分が購入できるお客であることを認識してもらうことで購入への本気度を示します。そして自分の条件に合いそうなものを紹介してもらいます。

面談の場で、条件のいいものが出てくるとは限らないので、後日、メールやＦＡＸなどで、物件を紹介してもらいましょう。そのとき大事なのが、すべての情報について、きちんと返事をすることです。「いい情報が出たらすぐ動くので電話で連絡をください」と伝えておくのも手です。

条件の合うものがあれば、すぐ見に行く、買い付けを入れるなど、素早いアクションを起こします。条件の合わないものであっても、すぐにその購入しない理由を明確にしてお断りします。これを繰り返しているうちに紹介物件が自分の条件に合う精度

が高まります。

できる営業マンほど、たくさんの買いたいお客さんを抱えています。よい物件が入ったときに「あの人にお知らせしよう」とすぐに思い出してもらうには、素早い返事が大切です。断っても、営業マンは次のお客さまにすぐに当たれるため、時間のロスがありません。ですから、その営業マンと信頼関係を作るためにも、繰り返しになりますが物件情報がきたら素早い返事をすることが必要なのです。

また、欲しい物件があれば、現地確認と買い付けを入れるなど何度もチャレンジして購買意欲の強さを見せます。現金買いの人が購入してしまったり、銀行の融資の判断が遅かったりと、なかなか成功しないこともあります。買い付けを入れても購入できないことが続いてもかまいません。

チャレンジの度に、いろいろな銀行に属性資料を渡して評価をいったん出してもらうのは、決して無駄ではありません。

どの銀行でどれぐらいの融資が受けられるか、銀行の融資方針を把握できますし、自分がその銀行で購入できる物件の目測が付いてきます。そうすると、欲しい物件が見つかったとき融資の事前審査は物件の評価だけで時間をかけずに出してもらうことができるようになります。

また売買の不動産仲介も人間です。何度も一緒に物件の購入にチャレンジし、失敗することで、今度こそこの人に物件を購入させてあげたいという気持ちも働きます。そうして、「買えるかどうかわからない人」から「買える人」そして、「買わせてあげたい人」になれば新築アパートの売主業者から直接来た未公開の情報も紹介してもらえるようになるはずです。

私も何度も買い付けに失敗しました。見送った物件も星の数ほどあります。でも妥協せずにチャレンジし続けることが、売買の不動産仲介の信頼につながるのだと思います。

初心者の方に多いのですが、「なかなかいい売買の不動産仲介が見つからない」と言う人に限って、実はネットのみで情報収集している人が多いように感じます。しかも、その情報に書いてある番号に電話をかけることもせず、問い合わせもメールで済ませてしまう。

でもそれはすごくもったいないです。何度も言う通り、新築物件は足が速い！　だから、メールだけでのんびり問い合わせをしている人は後回しになります。売買の不動産仲介には「たいして買う気がないんだな」と思われているかもしれません。こんな調子ではいい物件は見つからないし、売買の不動産仲介の目にも留まりません。売買の不動産仲介も、会ったこともなく資産内容もわからない人に儲かる未公開物件は教えてくれないのです。

だからこそ、「本気を見せる」、「売買の不動産仲介との信頼関係を築く」。

これをモットーに、自ら売買の不動産仲介にすぐに電話をして、出向いて担当者に直接会ってみてください。

建築条件付の土地購入での新築アパート建設は建築会社と繋がる

今、「収益物件　新築アパート」などをインターネットで検索をかけると、建築会社のホームページや宣伝しているものが出てきます。土地から建築会社（施工会社）に頼んでアパート建築してみたいという方は、このような業者とつながるのも一つの手です。

業者とコンタクトをとったら、どのような利回り、手取り額の提案をしていただけるか、一度面談して自分が欲しいと思える物件を建築する業者さんを選定します。

その後は、今まで述べてきた通り、売買の不動産仲介のときと同じように、自分が物件を買える人間であることを示し、土地購入を含めた建築契約の案件を紹介してもらえるように手配して、紹介された時には即座に動けるようにしておきましょう。

この場合も土地はレインズに公開されていて、早いもの勝ちになるので建築会社は、自社で抱えているお客様や、購入できそうなお客様にだけ声をかけます。

いくつか施工会社とつながっておけば、自分でいい土地を見つけたときに、建築できるかどうかのボリューム図（一部屋がどういった広さで、その広さの部屋が何部屋はいるのかがわかる図面）の作成などもお願いすることができるようになります。

私も何度か土地案件を建築会社に持ち込み、アパートが建てられないかと、検討をお願いしたことがありますが、消防法や接道、建築基準の関係でなかなか難しく、まだ実現していません。そういった経験をふまえて考えると、建築の知識を持っている建築会社の土地からの提案ということであれば少しは安心して進められるのではないかと思います。

しかし、中には土地だけ購入させて、後から実際はアパートが建てられないということも起こりえますので、建築確認申請がきちんと取れるかどうか？　など慎重に確認しながら進める必要もあります。

私の新築４棟目の物件はまさにこのパターンで、施工会社から建物の建築代金、利回りや自己資金などすでにまとまった状態で土地を紹介してもらい、土地の売買契約と建築契約を一緒に結びました。

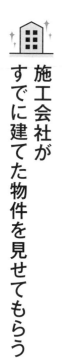

銀行としては、まだ建物が建っていない土地だけの状態に融資の約束をするのは難しいので、建売よりも自己資金が少し多めに必要になるケースもあります。

施工会社がすでに建てた物件を見せてもらう

新築でいちばん不安なのが、どんな物件ができあがるか、というところだと思います。私も土地だけ見て、「こんな狭いところに本当に8戸も入るのか」とか心配になった経験があります。また図面や完成パースだけ見せられても、専門で勉強しているわけではないので、具体的なイメージがわきません。

こういった不安を解消するには、その新築物件を手がけている施工会社が、過去に実際に建てた物件を見せてもらいましょう。売主業者と施工会社が別の場合にも、売主業者を通して話をすれば、通常は紹介、または案内してもらえるはずです。売買の不動産仲介の営業が話を通してくれる場合もあります。

施工会社の中には、自社の仕様がわかるようなモデルルームを用意しているところもありますし、自社の物件の中にモデルルームとして一戸確保しているケースもあります。

実際の物件を見ることで、具体的なイメージがわくだけでなく、その施工会社がどういった考えを持って間取りを考案し、形にしているのか、施工の良し悪しもわかります。

新築物件のチェックポイントとは？

では、ここで私が新築購入で確認するチェックポイントをいくつかご紹介します。

まず**間取り**は、あまりガタガタしていると、賃貸の広告サイトに載せたときに、見た目ではじかれる可能性があるので、できるだけ長方形などきれいな形のものが好ましいです。

広さは17平米以上が基本。狭いほうが部屋数がたくさん取れるので利回りが高くはなりますが、長い期間借りてもらうためには、それなりの広さが必要です。17平米以下だと退去率が高くなるのと、銀行融資がつきにくくなる、さらに出口戦略で買いたい人が少なくなるので注意が必要です。

不動産投資の判断基準に10・10・10の法則というのがあって築10年以下、徒歩10分以下、利回り10%以上が不動産投資の理想的な数字と言われています。けれどすべてを満たした物件は、市況が高騰気味な現在、ほぼ皆無ですから、投資家はどれかを妥協して購入しています。

その中でも一番妥協しやすいのが利回りと言われています。新築であれば売却時の築10年以内はクリアできると思うので、**徒歩10分以下の物件**であればさらに出口が広がります。……というわけで、私の場合は4

図4-2
私が新築物件を選ぶポイント

- □ 間取りがきれい
- □ 広さ（17㎡以上）
- □ 駅から徒歩10分以内

棟のうち3棟は徒歩10分圏内に購入しています。

ロフトはあったほうが利回りが高くなる

新築で最近融資基準が緩くなってきていると感じているのが借地権とロフトです。

借地は所有権ではないので融資がつきにくいとされていましたが、最近は所有権ほどコストがかからない分、収益還元評価で融資額が伸びる物件も出てきています。

また、ロフトは、以前は登記上の延床面積に入っていないことから評価の対象ではなかったのですが、一部の銀行で延床面積に加えて評価されるようになってきました。

ロフトがあると寝室を分けられるなど部屋の用途が広がり、家賃設定も高めにできるので、利回りを高くすることもできます。

現地で確認するのは、日当たりと接道

中古アパートと違って、新築物件は現地へ行っても建物は建っていません。ですが、ちゃんと確認するポイントはあります。

長く住んでいただくためには日当たりはできるだけいいほうがいいので、私は周りに日当たりを遮るような高い建物がないか？　などをチェックしています。高い建物がなくてもガケ地などは日当たりが悪くなるので要注意です。

また地方でなく、一都三県であれば、最近では車ではなく自転車を利用するほうが多いということを考慮して、できるだけ階段接道の物件は避け、敷地内に自転車が入れられて置くスペースがあるかどうかを図面で確認するようにしています。

私の新築3棟目の物件は唯一駅からバス便で遠いのですが、主要駅まで平坦なので自転車の需要が見込めました。そこで、自転車置き場が部屋数分確保できるかどうかも購入の判断材料としました。

できる担当者は売主、お客様、銀行それぞれから信頼されている

売買の不動産仲介の良し悪しの判断は、何社も会いに行き担当者と話をして比較していけば、だんだんとわかってきます。

私がお世話になっている売買の不動産仲介の担当者の男性は、会社の力に頼るだけでなく、自助努力で売主とつながろうと頑張っている人です。こういう担当者は、売

主とも、買主である私たちとも、銀行の担当者とも、みんなと信頼関係を築こうとしているし、実際、信頼されているものです。

たとえば、現地に一緒に出向いたときにもわかります。できる担当者は、あらかじめ法務局に出向いて、私道をはじめ隣人との共有部分で何か揉めていることはないか土地の権利関係についてきちんと調べて状況を説明してくれました。

こうした細やかな配慮があり、地道な努力の積み重ねをしているからこそ、「この人に任せれば安心だ。間違いない」と思われ、頼りにされるのです。

銀行にも信頼されているので融資にも強い、そして売主業者もこの人に任せたい、と思うからこそ、未公開情報を渡してくれる……繰り返し言っているように、そういう担当者を見つけることが、お宝物件と出会える可能性を高めます。

実は、**未公開物件に限らず、不動産投資の成功は、こういうできる担当者に出会えるかどうかで9割決まるといっても過言ではない**かもしれません。

まずは自分で行動して、探し、見つけてほしいと思います。

ただ、そうはいっても自分で見つけることが難しいという人もいるでしょう。そうであれば、成功している先輩不動産投資家の方から、優秀な担当者の紹介を受けてもいいと思います。**成功している不動産投資家の後ろには必ずできる売買の不動産仲介がいる**からです。

自分のまわりに不動産投資をしている人がいない場合は、いろいろな方のブログなどを見たり、大家さんが集まる勉強会に顔を出してみる、セミナーなどに参加してみて、知り合いを作っていくのが、成功への近道だと思います。

売買の不動産仲介とコミュニケーションを作る

私はいつもお世話になっている売買の不動産仲介の方が自分のために時間を割いていてくださったときなどには、日持ちのするお菓子などをお土産に買ってお渡しすることがあります。

不動産業界は圧倒的に男性が多く、女性が極端に少ないので、女性ならではの心配りがあるととても喜ばれます。女性は、帰省するとき、友人の家に遊びに行くときなどに何かしらの手土産を持っていく人は多いですよね。

私もその感覚の延長で、売買の不動産仲介へご挨拶にお伺いするときや、お世話になったときにお菓子を買っていくのですが、お渡しするととても喜んでもらえます。

ときには一緒にお菓子をつまみながら、いろいろなお話をして情報交換をすることもあります。直接お会いすれば、不動産業界の最新動向なども聞くことができ私自身も勉強になります。

また、初めて訪ねる売買の不動産仲介は、たいていの場合とても好意的です。(昔からその土地で長年やっている売買の不動産仲介の年配担当者の場合は例外的なときもありますが……)。

ですから、なるべく親身になっていただけるよう、自分の情報は開示して、どんな物件を希望しているのかなどを伝えます。自分の置かれている状況、なぜ不動産が欲しいのか、どのくらいの規模のアパートやマンションなのかなど、雑談レベルでいいので話すことが重要だと思っています。その雑談への相手の対応で真摯に対応してくださる方か、本当に不動産の知識を持っていらっしゃる方かはたいてい判断がつきます。

売買の不動産仲介はいわゆる歩合でのお給料ですから、買主が結果的に儲からないとわかっていても、安易な賃貸経営の提案などうまいことばかり言って買わせようとする心無い方もいるのが現実です。

自分ときちんと向き合って、買主が先々まで物件購入を進められるように、将来まで考えてくれるような誠実な対応をしてくれる売買の不動産仲介を見つけられるといいですね。

不動産投資業界はいい物件情報を提供してくれる売買の不動産仲介、いい融資をしてくれる銀行、すぐにお客様をつけて満室にしてくれる管理会社など、すべて人ありきで成り立っています。

だからこそ、いい売買の不動産仲介が見つかったら、そのご縁を大切に、その周辺で関わる人たちも大切にしていくことが自分の不動産投資の成功に結びつくと感じています。

第5章

新築アパートで失敗しない、シミュレーションと融資

まずは数字の把握から！

第2章でもお伝えした通り、私は新築物件に絞って不動産投資を行っています。

もちろん新築ならどこでもいいわけではなく、〝良い物件〟でなければ失敗します。

不動産投資が成功するかどうかは、なにはともあれ**〝良い物件〟を選ぶこと。あとは、いかに条件のよい融資を引くことができるかにかかっている**と思います。

本章では、それについて詳しくお伝えしますが、その前に、不動産投資をするときに知っておかなければならない数字や、その見方について確認しておきます。

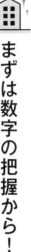

不動産投資に必要な数字の見方とは？

欲しい物件を見つけたら売買の不動産仲介に連絡し「物件概要書」をもらいます。それが左ページ図5－1です。それと一緒に「資金計画書」をもらいましょう。166ページ図5－2をご覧ください。これは資金計画書の一部です。

物件の価格は4600万円(税込)、概算購入諸経費は約250万円。購入総額は合

図5-1
○○○未公開新築アパート物件概要書

○○○未公開新築アパート物件概要書

平成××年△△月○○日

	詳　細
所在地	□□市△△区○○○1-2-3
最寄駅	××線　「○○○」駅　徒歩5分
価　格	46,000,000円
利回り	9.00%
年　収	4,140,000円
平均家賃	58,000円(共益費込)
建物構造	木造スレート葺2階建て
間取り	1K×6戸
築年数	平成××年1月完成予定
敷地面積	100.00㎡
建物面積	108.00㎡
路線価	160,000円/㎡
土地権利	所有権
都市計画/用途地域	市街化区域/第一種住居
建蔽率/容積率	60%・160%
制　限	第4種高度地区、準防火地域
道　路	東側公道　幅員・4m
施　設	LPガス、公営水道、本下水、東京電力
備　考	

図5-2
資金計画書（概算）

（単位：円）

資金各種	金額
購入価格（消費税込）	46,000,000
購入諸経費（約）	2,500,000
購入総額	48,500,000
借入金額	43,500,000
自己資金	5,000,000

購入諸経費内訳（概算）	金額
契約書印紙	15,000
登記費用	600,000
固定資産税　都市計画税	10,000
火災保険	100,000
表示登記	100,000
仲介手数料（消費税込・約）	1,500,000
金融機関手数料	75,600
ローン申込代行費用	54,000
不動産取得税	-
購入諸経費計	2,454,600

※不動産取得税は、新築の場合、建物が自治体によってどのように評価されるかわからないので仲介業者も概算の金額を提示しないことが多い

融資	条件	金利	融資期間	融資額
○○銀行	5年固定金利	1.50%	30年	4,350万円
○○銀行	5年固定金利	1.70%	30年	4,350万円

▶年間家賃収入

4,176,000円　1戸当たり58,000円　利回り9.08%

入居率		満室	満室	90%	90%
融資条件		1.5%30年	1.7%30年	1.5%30年	1.7%30年
毎月家賃収入		348,000	348,000	313,200	313,200
経費	固定資産税（年間15万円）	12,500	12,500	12,500	12,500
	管理費5%＋消費税	18,792	18,792	16,913	16,913
	水道光熱費	3,000	3,000	3,000	3,000
毎月返済額		150,127	154,337	150,127	154,337
毎月収支		163,581	159,371	130,660	126,450
年間収支		1,962,972	1,912,452	1,567,920	1,517,400

自己資本利益率（ROI）	39%	38%	31%	30%

わせて約４８５０万円の物件であることがわかります。

購入諸経費とは、文字通り、物件購入時にかかる経費です。具体的には契約書印紙代、仲介手数料、火災保険、登記費用などのお金がかかります。

この購入諸経費には、不動産取得税は含んでいません。新築の場合、竣工後、自治体の物件調査が入り、建物の評価額が決まります。売買の不動産仲介もそこまでは数字の予測を立てることができません。おおよその数字をきいて別途把握しておきましょう。

なお、中古の場合は、土地、建物の評価証明書から算出できます。初年度の手取り額からきちんと支払いできるか計算しておきましょう。

購入総額の４８５０万円のうち４３５０万円は、銀行からの融資が受けられる予定です。ですから４８５０万円から４３５０万円を差し引いた５００万円を自己資金として自分で用意することになります。

毎月返済額のおおよそを把握する

では、金融機関から借り入れた4350万円の毎月返済額はいくらになるのか。それも「資金計画書」には書かれています。図5－2の年間家賃収入のの部分を抜き出した次ページ図5－3を見てください。これは、○○銀行で融資を引いた場合に毎月いくら返済することになるか記されています。

金融機関から融資を引くときは、当然ながら金利が発生します。ここでは金利1・5％で算出した毎月返済額と、もう少し高くなることを想定した金利1・7％時の毎月返済額が出ています。

毎月の返済額は、今述べた「金利」と、もう一つ「返済期間」がわからないとシミュレーションできません。

この資金計画書では、返済期間は30年に設定されています。木造建築の耐用年数は22年ですが、この例では劣化対策等級2級という建物の住宅性能評価を取得する予定になっており、30年という長期の融資を引くことができます。

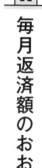

金利は、1・5%と1・7%の2パターンあり、毎月返済額は、1・5%のときは約15万円、1・7%のときは約15万4300円になっています。金利が0・2%違うだけで月の返済額は約4200円変わり、年間では5万円も変わります。**銀行で融資を引くときは、「なるべく低い金利で借りる」のがポイントの一つになります**が、その理由は、こうして数字で見ると明白です。

図5-3
毎月返済額と手取り額

入居率		満室	満室	90%	90%
融資条件		1.5%30年	1.7%30年	1.5%30年	1.7%30年
毎月家賃収入		348,000	348,000	313,200	313,200
経費	固定資産税(年間15万円)	12,500	12,500	12,500	12,500
	管理費5%+消費税	18,792	18,792	16,913	16,913
	水道光熱費	3,000	3,000	3,000	3,000
毎月返済額		**150,127**	**154,337**	**150,127**	**154,337**
毎月収支		163,581	159,371	130,660	126,450
年間収支		1,962,972	1,912,452	1,567,920	1,517,400
自己資本利益率(ROI)		39%	38%	31%	30%

月単位、年単位、それぞれの手取り額を確認する

毎月返済額がわかれば、**月の手取り額、すなわち、家賃収入から外部への支出を差し引いて手元に残る資金の流れ**が見えてきます。図5－3には、月間、年間それぞれの手取り額の金額が算出されています。

左側が満室想定時の手取り額、右側が入居率90％時（1割が空室だった場合）の手取り額を表しています。

ここでは左の満室想定時の手取り額を確認してみます。

まずは左の金利1・5％のところをチェックします。

毎月の家賃収入は34万8000円。そこから、毎月必ずかかる経費と、毎月の返済額を引くと、月ごとのいくら手取りが残るのかわかります。

ここでいう経費とは、固定資産税、都市計画税などの税金、管理会社に支払う管理費、アパートの共有部分にかかる電気代を指します。物件によっては消防点検費用や、清掃費などが追加でかかる場合もあります。

これら経費の合計が約3万4000円。毎月返済額は約15万円です。この数字をす

べて引くと、34万8000円−約3万4000円−約15万円＝約16万3000円。これが月の手取り額になります。年に換算すると、約16万3000万円×12か月＝約196万円になります。つまり、**「満室の場合、年間200万円近い手取り額が出る」物件**ということになります。

ちなみに金利1・7％のほうで見ると、年間収支は191万円。わずか0・2％の金利の差なのに、金利1・5％のときよりも5万円も手取り額が少なくなるのがわかります。

「自己資本利益率（ROI）」を見ると39％と高く、少しの投資で手取り額を多く手にできる物件ということになります。具体的には満室だったら**2年半で自己資金が回収でき、その後の収入がすべて利益になると考えられる**ので、おトクな物件として購入検討の余地があります。

自分の目標とする数字に到達しなかった場合は、物件購入価格を下げるなどして再計算して、交渉（値引き）を検討します。

購入前から、売却時のことを考えておこう

78ページで述べた通り、不動産投資は物件を購入する前に将来的に物件を持ち続け

るのか、売却するのか「出口戦略」を考えておくことがとても大切です。

仲介会社から「売却時シミュレーション」の表をもらい、売ったときにいくら手取り額が残るのか、そのおおよその金額をつかみましょう。先ほど述べた通り、私は、年間の手取り額を重視していますが、売却時の手取り額も考慮しています。両方をつかんでおけば、結局、トータルでいくらの手残りがあるのか見えてきます。

次の見開き174ページの図5－4を見てください。

図の左側、インカムゲインでは、経過年数1～5年までをたどっていくと、年間収支(D)は1年目約154万円、2年目約150万円、3年目約147万円となっていて、5年目までを足すと(収支累計E)約735万円になるのがわかります。要は、5年間で約735万円貯まりますよという意味です。

図の右側、キャピタルゲインでは、経過5年目の「売却時設定利回り(%)」のところを見ると、9・0%になっています。ですから、5年後の満室想定家賃収入を利回り9・0%で割ると、売却想定額(F)は約4457万円、融資の残債(G)は約3753万円だとわかります。

つまり売却時の収支想定額(H)は、4457万円－3753万円＝704万円ということになります(図では端数があるので約703万円です)。

ということは5年間で735万円貯まり、売却時にはさらに704万円手元に残るので、合計1439万円が投資全体の手取り額になります。ただし、自己資金を500万円を使っているので、その分は引き算します。

それでも1439万円－500万円＝939万円、つまり5年で939万円の手取り収入が得られるのです。

このように表を使って、これから購入する物件を5年後に売るのがいいのか、10年後に売るのがいいのか銀行の固定金利期間を考慮しながら見極めていきます。

売却時シミュレーションを見ればわかる通り、経過年数とともに家賃はどうしても下がっていきます。逆に築古になるほど利回りは高くしないと売れないので、上がっていきます。

ですから、家賃下落がまだそんなに進まず、利回りもあまり高くなくても大丈夫な段階で、いかに売りきるか、利益を確定することができるか、シミュレーションするのが私の基本的な売却に対する考え方です。

（単位：円）

売却時収支（キャピタルゲイン）				
売却時設定利回り	売却想定額	融資残債	売却時収支	投資全体収支
%	F	G	H＝F－G	I＝E＋H
9.0	46,400,000	42,343,028	4,056,972	5,602,344
9.0	45,936,000	41,168,577	4,767,423	7,820,583
9.0	45,476,642	39,976,390	5,500,252	10,023,992
9.0	45,021,877	38,766,195	6,255,682	12,213,166
9.0	44,571,654	37,537,723	7,033,931	14,388,691
9.3	42,702,521	36,290,697	6,411,824	15,127,757
9.3	42,275,496	35,024,837	7,250,659	17,292,023
9.5	40,971,626	33,739,858	7,231,768	18,563,178
9.5	40,561,906	32,435,470	8,126,436	20,712,861
9.8	38,927,018	31,111,381	7,815,637	21,622,397
10.0	37,766,989	29,541,314	8,225,675	23,218,436
10.0	37,389,322	28,402,906	8,986,416	25,131,188
10.2	36,289,641	27,017,911	9,271,730	26,534,863
10.2	35,926,743	25,611,997	10,314,746	28,662,926
10.5	34,551,259	24,184,849	10,366,410	29,766,656
10.5	34,205,746	22,736,148	11,469,598	31,889,259
10.8	32,923,035	21,265,567	11,657,468	33,064,220
11.0	32,001,192	19,772,773	12,228,419	34,590,261
11.0	31,681,182	18,257,434	13,423,748	36,708,999
11.0	31,364,374	16,719,208	14,645,166	38,822,462
11.3	30,226,372	15,157,748	15,068,624	40,106,914
11.3	29,924,110	13,572,707	16,351,403	42,219,947
11.5	29,109,652	11,963,723	17,145,929	43,814,294
12.0	27,617,787	10,330,438	17,287,349	44,725,407
12.0	27,341,611	8,672,484	18,669,127	46,847,051

図5-4
売却時シミュレーション

	年間収支(インカムゲイン)				
経過年数	家賃収入90%	経費	返済30年1.5%	収支	収支累計
	A	B	C	D＝A－B－C	E
1	3,758,400	411,504	1,801,524	1,545,372	1,545,372
2	3,720,816	411,504	1,801,524	1,507,788	3,053,160
3	3,683,608	411,504	1,801,524	1,470,580	4,523,740
4	3,646,772	411,504	1,801,524	1,433,744	5,957,484
5	3,610,304	411,504	1,801,524	1,397,276	7,354,760
6	3,574,201	411,504	1,801,524	1,361,173	8,715,933
7	3,538,459	411,504	1,801,524	1,325,431	10,041,364
8	3,503,074	411,504	1,801,524	1,290,046	11,331,410
9	3,468,043	411,504	1,801,524	1,255,015	12,586,425
10	3,433,363	411,504	1,801,524	1,220,335	13,806,760
11	3,399,029	411,504	1,801,524	1,186,001	14,992,761
12	3,365,039	411,504	1,801,524	1,152,011	16,144,772
13	3,331,389	411,504	1,801,524	1,118,361	17,263,133
14	3,298,075	411,504	1,801,524	1,085,047	18,348,180
15	3,265,094	411,504	1,801,524	1,052,066	19,400,246
16	3,232,443	411,504	1,801,524	1,019,415	20,419,661
17	3,200,119	411,504	1,801,524	987,091	21,406,752
18	3,168,118	411,504	1,801,524	955,090	22,361,842
19	3,136,437	411,504	1,801,524	923,409	23,285,251
20	3,105,073	411,504	1,801,524	892,045	24,177,296
21	3,074,022	411,504	1,801,524	860,994	25,038,290
22	3,043,282	411,504	1,801,524	830,254	25,868,544
23	3,012,849	411,504	1,801,524	799,821	26,668,365
24	2,982,721	411,504	1,801,524	769,693	27,438,058
25	2,952,894	411,504	1,801,524	739,866	28,177,924

当初満室想定家賃年収　4,176,000
家賃収入は１年で1%減価するとする。

▶収益還元評価	計算式	入力項目
利回り（相場）	そのエリアの利回りの相場	8.9%
収益還元評価	満室想定家賃年収÷利回り（相場）×100	4,692万円
収益還元評価割合	収益還元評価÷売買価格×100	102.0%

同エリア同条件の物件表面利回りがベスト

▶購入資金計算

融資割合		94.6%
融資金額	売買価格×融資割合　10万円未満切り捨て	4,350万円
自己資金	売買価格－融資金額	250万円
購入諸経費割合		5.4%
購入諸経費	売買価格×購入諸経費割合	250万円
必要購入資金	自己資金＋購入諸経費	500万円

通常は7%　新築は5%

▶融資計算

融資期間		30年
借入金利		1.50%
年間返済金額		180万円
リスク金利		4.00%
リスク金利返済金額	年間返済額	249万円

▶手取り額計算

満室想定家賃年収		418万円
空室率		10%
空室リスク	満室想定家賃年収×空室率	42万円
運営諸経費率		10%
運営諸経費	満室想定家賃年収×運営諸経費率	42万円
満室時手取り額	満室想定家賃年収－運営諸経費－通常金利返済額	196万円
満室ROI	満室時の手取り額÷自己資金×100	39%
通常手取り額	満室想定家賃年収－空室リスク－運営諸経費－通常金利返済額	154万円
通常ROI	通常手取り額÷自己資金×100	31%
リスク金利手取り額	満室想定家賃年収－空室リスク－運営諸経費－リスク金利返済額	85万円
リスク金利ROI	リスク金利手取り額÷自己資金×100	17%

中古の場合は20%

中古の場合は20%～35%

図5-5
物件購入シミュレーションシート

基本データ	計算式	入力項目
物件名		○○○未公開新築アパート
所在地		□□市△△区○○○1-2-3
売買価格		4,600万円
満室想定家賃年収		417.6万円
表面利回り	満室想定家賃÷売買価格	9.08%
現況家賃年収		4,176.0万円
現況利回り	現況家賃÷売買価格	90.78%
築年数		0
構造(1.SRC 2.RC 3.鉄骨造 4.木造)		4
土地面積		100.0㎡
建物面積		108.0㎡
路線価	全国地価マップ	16万円/㎡

全国地価マップに住所を入力し路線価(相続税評価額)を探して万単位で入力してください。

前提条件		
建築価格		
1.SRC鉄骨鉄筋コンクリート造		22万円/㎡
2.RC鉄筋コンクリート造		20万円/㎡
3.鉄骨造		17万円/㎡
4.木造		15万円/㎡
耐用年数		
1.SRC鉄骨鉄筋コンクリート造		47年
2.RC鉄筋コンクリート造		47年
3.鉄骨造		34年
4.木造		22年

積算価格		
土地価格	土地面積×路線価	1,600万円
建物価格	建物面積×建築価格÷耐用年数×残存年数(耐用年数-築年数)	1,620万円
積算評価	土地価格+建物価格	3,220万円
積算評価割合	積算評価÷売買価格×100	70.0%

「買い」を素早く判断する シミュレーションシート

さて、前ページ5－5は売買の不動産仲介とは別に自分が判断に使っているシミュレーションシートになります。資金計画書を作成してくれない業者もいますし、業者のシミュレーションの数字が甘い場合もありますので、実際の購入判断はこちらでしていきます。みなさんも使えるように詳細をここで説明していきます。

〈基本データ〉

まず、165ページ図5－1「物件概要書」を見ながら物件の住所や売買価格、満室想定家賃を入力して、利回りを求めます。中古の場合は現況の年間家賃収入と利回りも把握しておきましょう。

次いで、建物構造、土地面積、建物面積をそれぞれ入力します。積算価格を出すために路線価（相続税路線価）を知る必要があります。路線価は全国地価マップというサイトで調べることができます。住所を入力して「相続税路線価等」のページで路線価の

図5-6
地価マップ(http://www.chikamap.jp/)

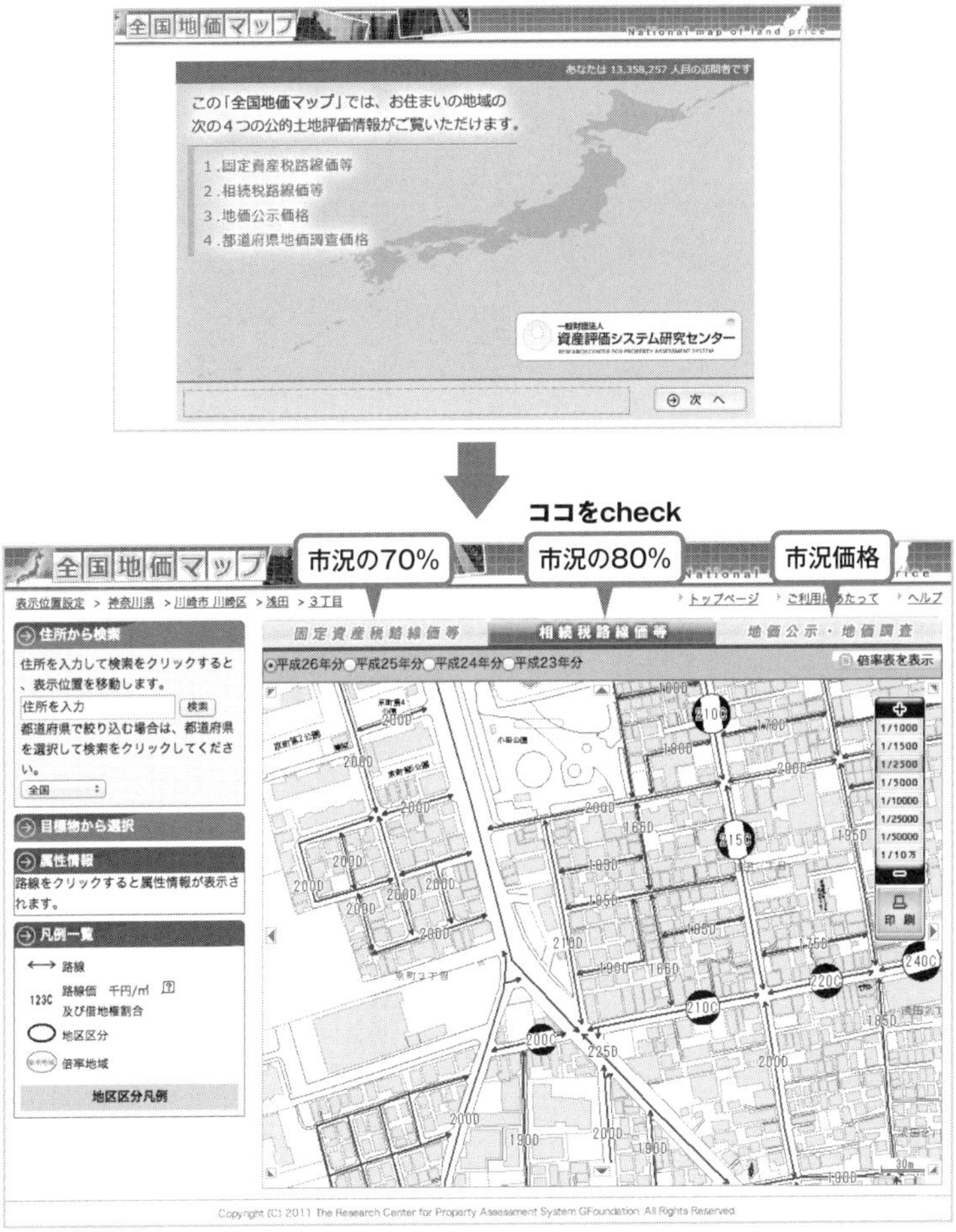

数字を地図上から見つけて入力します。

〈積算価格〉

銀行が融資の評価の一つにする「積算価格」を出します。

土地価格、建物価格は、シミュレーションシートに書いた通りの計算式を入れて算出してください。その価格を合計したものが、積算価格になります。路線価が市況（実際に取引される価格）の80％と言われていますので算出された土地価格を8割で割り戻して計算する方もいます。

積算価格が出れば、物件価格に対する積算評価の割合も算出できます。例では、70％になっていますよね。特に新築は積算評価が出にくいのが現状です。6割以上出ればいいほうかな？　というのが私の感触です。

〈収益還元評価〉

銀行融資の評価の1つです。同エリア、近い条件の物件の表面利回りの相場を入力すると満室家賃年収から評価額が計算されます。利回りの相場は投資物件のポータルサイトですでに売りに出ている物件を参考にしてもいいですし、HOME'Sの賃貸経営(108ページ参照)に出ている利回りを参考にしてみてください。
この物件の場合は、物件価格に対する収益還元評価の割合が高いので、この評価を利用している銀行を検討することになります。

〈購入資金計算〉

融資と自己資金の割合のおおよそを決めます。
融資の割合を入力すると、融資金額、自己資金が計算されます。事前に融資の打診がなされて物件評価がでていれば、その数字を入力します。通常は新築の場合、最大で90%の融資(10%は自己資金を入れる)ケースが多いです。
また、購入諸経費割合も入力します。ここでは売買の不動産仲介が出してきた資金計画書をもとに5・4%となっています。利用する銀行や登記料でその数字は変わるので、適宜変更してください。新築であれば5~7%、中古であれば7~8%でみておきましょう。

〈融資計算〉

元利均等方式での返済を前提に、融資期間と借入金利を入力すれば、年間返済額が出るようにしてあります。

ただし金利は、「いつか上がるかもしれない」リスクを抱えています。ここでは借入れ金利を1・5％で計算していますが、固定期間を過ぎてもこの金利が適用されるわけではありません。そこで登場するのが「リスク金利」です。現在の金利が上がった場合＝リスクが上がった場合のシミュレーションもあらかじめしておくのです。

リスク金利を4％と仮定すると、年間返済金額は249万円。金利1・5％のときの年間返済額180万円と比べると69万円も多く支払わなければならないことがわかります。同じ金額の物件を買っていても、金利の違いでこんなに差が出ます。

〈手取り額計算〉

満室想定家賃年収の欄は、〈基本データ〉内の満室想定家賃年収と同じ金額です。

次の空室率と空室リスクについては、新築の場合は10～15％、中古の場合は、空室リスクが高くなるので20～30％で計算しましょう。新築でも戸数の少ない場合は高めにみましょう。

運営諸経費率と運営諸経費の欄も空室リスクと同様です。運営諸経費率は、新築であれば10％、中古物件だと費用がかさんでいくので、20～35％ぐらいで計算しましょう。特に中古RCは設備の保守管理費が想像以上にかかります。売主から聞いて実際のコストを把握しておきます。また遠方物件を買う人は、土地勘があるエリアではないので、そのエリアならではのコストを理解しておく必要があります。たとえば東京に住んでいる人が北海道の物件を検討している場合、実は、雪国の冬の経費がかなりかさむことは見落としがちです。こうしたことも含めて運営諸経費のパーセンテージを決めていきましょう。

続いて、不動産投資の要にもなる手取り額を算出する欄です。

手取り額には、「満室時手取り額」「通常手取り額」「リスク金利手取り額」の3つの言葉が並んでいるのがわかります。

このうち**「満室時手取り額」は、満室のときに手取り額がいくら出るかを示したもの**です。これについては、166ページの「資金計画書」でもお伝えしています。計算式は、シートに記載している通り、満室想定家賃年収－運営諸経費－通常金利返済額で算出できます。入ってくる家賃から、運営諸経費と、通常時の金利(このシミュレーションシートでは1・5%)のときの年間返済額を引いた額が手取り額です。

「通常手取り額」は、空室が出た場合を想定して、空室リスクを差し引いた手取り額を計算することです。満室想定家賃年収－空室リスク－運営諸経費－通常金利返済額になります。

「リスク金利手取り額」は、空室リスクと運営諸経費とリスク金利（このシミュレーションシートでは４％）の返済金額を差し引いた手取り額になります。満室想定家賃年収－空室リスク－運営諸経費－リスク金利返済額で計算できます。

よって、満室時の手取り額は１９６万円、通常手取り額は１５４万円、リスク金利手取り額は85万円になります。金利の低い状態で、かつ、満室で運用していくのがいかに大切か、数字を比較すれば一目瞭然ですね。銀行は現在、リスク金利を４％としているところが多く、金利が４％まであがっても手取り額が出る物件にしか融資しません。このリスク金利手取り額は、銀行融資の可否を見極めるポイントとなります。

ですから、このシミュレーション結果で**リスク金利手取り額がマイナスになった場合、この条件では融資は難しいと判断できるということです。**この場合、自己資金を増やしたり、物件の購入金額を減らして再計算して、現状の購入価格からどれだけ値引き（指値）すれば購入できるのか判断します。そしてリスク金利手取り額がプラスになるようにします。

私は、このシミュレーションの通常手取り額の目安を２００万円としています。ですが、満室ＲＯＩが約40％と高く、少ない自己資金で手間なく多くの手取り収入を得ることができると考えれば、この物件は購入を前向きに検討すべきということになります。

最後に、自己資本利益率（ROI）についても確認します。

自己資本利益率の数字を上げて、利回り以上の利益を出す！

不動産投資における自己資本利益率とは、**自己資金に対しての手取り額をパーセンテージで表した指標です。**通常、購入資金を100%融資でまかなえるケースは少なく、5~20%の自己資金が必要になります。その自己資金に対する手取り額の比率が自己資本利益率です。

みなさんは、「レバレッジ効果」という言葉を聞いたことはありますか？

要はテコの原理、少ない資金で大きな利益をもたらすという意味です。自己資金と融資を併用することで、見た目の利回り以上の収益を得ることができる。それが、レバレッジ効果です。

自己資金が少ないほど、融資の返済期間は長いほど自己資本利益率の数字は上がります。少ない資金を最大限に活用したい人にとって、自己資本利益率の数字は心強い

図5－7

不動産投資は少ない自己資金で多くの利益を得られる！

不動産投資の場合

物件シミュレーション木造・新築・１棟４室・物件価格3500万円のケース

１棟4戸（17㎡/1戸）　　（単位：万円）

物件価格	3,500
購入諸費用（6%）	210
借入（100%）	△ 3,500
自己資金	210
表面利回り8.57%	
年間家賃収入（満室）	300
空室リスク（15%）	△ 45
運営諸経費（10%）	△ 30
借入返済※1	△ 145
手取り額※2	**80**

※1 借入返済は融資期間30年金利1.5%5年固定

購入諸費用（6%）：新築の場合は5～6%　中古の場合は7%を予測

年間家賃収入：物件価格×表面利回り

空室リスク・運営諸経費：新築の場合は10%～15%　中古の場合は20%以上で考える

手取り額：この投資で得られる現金

銀行の定期預金の場合

メガバンクに210万円5年定期預金金利0.05%で預けた場合（１年間）

自己資金	210万円
得られる利益※2	**1050円**

※2　税金は考慮していません。

同じ210万円の資産運用でも得られる利益
80万円（不動産投資）＞1050円（定期預金）

不動産投資は融資を受けて大きな投資をすることで
少ない自己資金で大きい利益を得ることができます！

指標になるといえます。

図5-7は不動産投資と銀行の定期預金を比べた図です。3500万円の物件を自己資金210万円で購入すると、年間の手取り額は80万円です。

もう一方で銀行の定期預金に預けた場合、金利が0・05%だとすると得られる利息は1050円。

つまり、同じ210万円で、不動産投資でレバレッジを効かせたら80万円、投資せずに銀行に預けたら1050円。約760倍もの差がついてしまうのです。

そしてこの例の不動産投資の場合、通常手取り額での自己資本利益率は80万円÷自己資金210万円×100=38%もの高い数字になります。

フルローンに近くなればなるほどこの数字は上がっていきます。

自己資金が少なくても、銀行は貸してくれる！

「不動産を買う」とき、多くの人が躊躇するのは「借りるお金が大きい」ことだと思います。

だから不動産を所有しているオーナーは、多額の自己資金を用意できるお金持ちや、先祖代々から譲り受けている土地を持っている地主さんだろうと思っている人は多いですが、今はサラリーマンオーナーもたくさんいます。

私自身、今は、一主婦です。それでも、これまでに銀行や公庫から借りたお金は、合計約4億円になります。この金額だけ見ると、とんでもない大金だと思うかもしれませんが、これほど大きなお金を貸してくれるのは、不動産という担保があるからにほかなりません。担保としての価値が高いから、大きな額面の融資相談がしやすいのです。

銀行は、住宅ローンなら個人の審査を重視しますが、不動産賃貸経営用であるアパートローンでは、不動産の評価に対して融資を行うため、物件そのものの審査を重視しています。

もちろん、借りる人の信用もチェックします。借りる人の社会的経済的背景を確認するため、名前、勤務先情報、家族構成、収入などの「属性」も調査します。何度も転職をしていたり、無職の人に銀行は融資はしません。反対に、資産のある人には、住宅ローン並みの低い金利で貸し出してくれることもあります。

でも銀行にとって、属性以上に大事なのが、万が一貸し手が返済不能になっても確実に残る物件です。だから、物件そのものに価値があると判断すれば、こちらの自己資金が少なくても、物件の8割、9割、場合によっては全額融資してくれる可能性があるのです。

借りる側にとっても、不動産投資＝賃貸経営というビジネスは、株のように乱高下するわけではないので安心です。はじめに確実な返済計画、手取り額計画、出口戦略を立てたうえで、低金利で長期返済の融資を受けることができれば、大きな失敗をすることは考えにくいのです。空室になりにくい、思わぬ修繕費がかかりにくい点で、計画がその通り進みやすい＝ほぼ予定通りの手取り額が得られるのは新築物件ならではだと思います。

主婦になった私は、夫の属性を使って銀行の信用を得た

私は、主婦になってから不動産投資を始めました。

収入源のない主婦は、銀行から見れば最も信用のない立場。そこからのスタートです。

予定では、財務コンサルタントとして会社で働いている間に、投資物件を見つけて購入しているはずでした。２０１１年5月に会社を辞めることが決まっていたので、

それまでに投資物件を見つけよう！　と3月頃から暇を見つけては物件を探しましたが、なかなか決まらないうちに退職の日を迎えてしまったのです。

ただ、このとき相談した売買の不動産仲介とは今でもおつきあいがあり、未公開物件を紹介してもらえるなど良好な関係です。あのとき、「どうしましょう。私、5月で会社を辞める約束をしてるんです！」と焦って相談したのですが、すごく親身に話を聞いてくれました。「主婦になる前に、なにがなんでも物件を買わなければ！」という私の強い意気込みが伝わったのかもしれません。

とはいえ何の信用もない状態ですから、融資の際は、夫の属性を使わせてもらっています。

属性とは、前述しましたが、お金を借りる人の社会的経済的背景を示したものです。(97ページ図3－2参照)。

不動産投資を始めてみて、改めて「銀行は、なによりも〝安定〟を求めるところなんだな」というのを実感しています。

昔からの地主といった富裕層で資産のある人には融資が通りやすく、反対に、自営業など月によって収入が不安定な職業に就いている人はリスクありと判断され、融資が難しくなることがあります。

ところで、女性が不動産投資をする場合、夫が非協力的だったり懐疑的だという話はよく聞きます。夫に内緒で投資しているという女性の話も聞きますが、私の夫はとても理解がありました。彼自身も不動産投資に興味があったようで、私が買ってきた不動産投資関連本を読んで知識を身につけてアドバイスもしてくれます。属性＝信用は融資というお金に代えることができます。そのお金で家族が幸せになるためのお金が生みだされる事がわかれば懐疑的な旦那様や奥様も理解してくれるのではないでしょうか？

不動産投資で融資をしてくれる銀行とは？

条件のよい融資を受ける。これも、不動産投資でとても大切な考え方です。数千万円の物件を現金で購入できる人は少ないでしょうから、金融機関ともお付き合いすることになります。まずどこに相談したらよいのでしょうか？

基本的にそれぞれの銀行で、物件の審査方法は違いますし、また支店によっても支店長の方針で変わってきます。もっと言えば、担当者の力量や熱意によっても融資の可否が決まってくることもありますので、ここではあくまでも参考程度にご紹介しておきます。

金融機関は、下図5－8のようにランクわけされています。

上になるほど、融資を引くのが難しく、属性、資産、自己資金等、条件が厳しくなります。しかし、その分、金利も安くなります。

ノンバンクになると、審査もスピーディ、条件もそれほど厳しくはなく、耐用年数が切れた築古の物件や、再建築不可などの物件でも融資を出してくれることもあります。しかし、金利が3～4％台と高いので、投資する物件が相当な高利回りでなければ利用するのは避けたほうがいいと思います。

またノンバンクで融資を受けると、「そ

図5－8
金融機関の種別

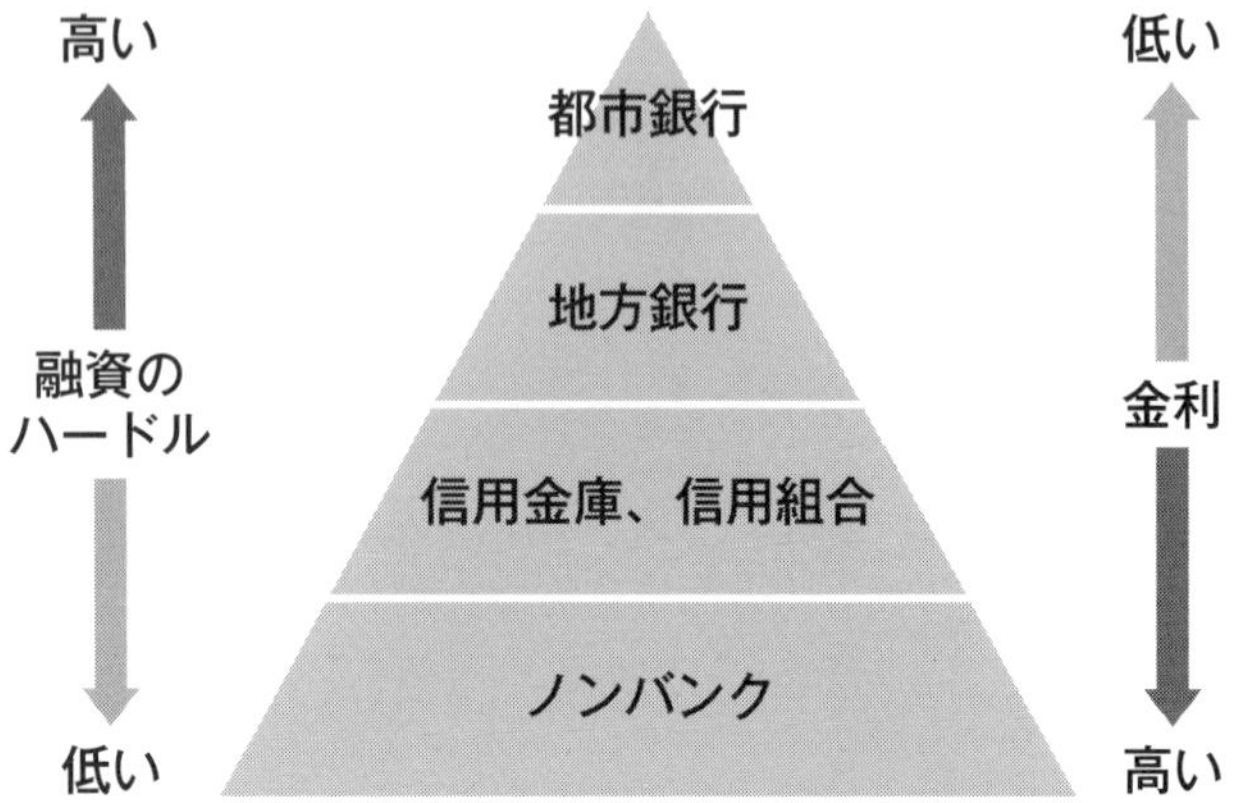

こでしか借りられない人」「高金利で融資比率が高く賃貸経営に無理がある」と認識されて、物件を買い進めていくときに上位の銀行からの融資が難しくなることもあるので注意が必要です。最初に借りやすいノンバンクで借りて、都市銀行や地銀、信金に借り換える人もいます。

銀行の場合

【都市銀行】

三菱東京ＵＦＪ・みずほ・三井住友（ＳＭＢＣ）といったメガバンクは、「積算評価」による資産家向けの融資が大半で、自己資金も3割以上必要であるため、これから不動産投資を始めたいと思っている方には融資のハードルは高いと言えます。以前はフルローンを多く出していたＳＭＢＣもリーマンショック以降の不動産価格の下落で今は積極的ではなくなっています。都市銀行の中でも比較的積極的なのが、りそな銀行です。りそな銀行は「積算評価」ではなく「収益還元評価」を採用しているので、新築アパートでも評価が出やすく、しかも都市銀行なので金利も安く使いやすい銀行と言えます。

【地方銀行、信用金庫、信用組合】

都市銀行の下にくるのが、地方銀行、信用金庫、信用組合です。

地方銀行などは全国区ではないので、営業エリアの物件にしか融資してくれません。でもそれは、言い換えれば地域に根ざしているため、その地域に住んでいる人を支援してくれる可能性が高いとも言えます。

地銀の中でもスルガ銀行は特別で、アパートローンに積極的で融資の承認がとても早いのですが金利が高く、高い属性が求められます。

ノンバンクの場合

【ノンバンク】

ノンバンクは、店舗のない銀行です。金利はかなり高めですが融資のハードルは低いです。ただし、一度借りると都市銀行をはじめ上位ランクの金融機関が貸してくれなくなる可能性も考慮しておいてください。

ただしノンバンクの中でもおすすめなのが「オリックス銀行」です。年収がそれなりに高い人向けですが、共働きの夫婦の場合は合算でみてくれるので、年収４００～

５００万円のふたりであれば、使える銀行です。

金利も２％前後でほかのノンバンクよりも低く、新築ならば30年融資も可能です。ただし、フルローンなどは難しく９割までしか融資をしない、エリアによっては駅徒歩圏のみといった独自の基準があります。新築物件を好んでいるため、気になる物件があれば、まずオリックス銀行に持ち込んでみるといいでしょう。

デメリットとしては銀行手数料が高いことです。

政府系金融機関ほか

【日本政策金融公庫】

日本政策金融公庫（旧国民生活金融公庫）は全国に支店があるので、遠方物件でも利用でき、中古でも10～15年、全期間固定金利で融資を受けることができます。金利は物件の担保評価により１～２％台。融資に際して手数料がほとんどかからないのもポイントです。いろいろなバリエーションがあるので、修繕費などでも利用することができます。また、女性でも取り組みやすい「女性、若者／シニア起業家支援資金」や商工会議所の推薦を受けて取り組む「マル経融資」、「中小企業会計関連融資制度」など金利や限度額で優遇を受けることができます。業績が悪化していたり、連帯保証人をつけなくても利用できる制度もあります。属性を利用できなくても使えるのが公庫のいいところです。他には「商工中金」があります。

【その他】

生命保険会社が取り扱っているアパートローン、クレジット会社が扱っているリフォームローンなどもあります。自己資金が不足するときに利用できる場合もありますが、購入資金を融資してくれる銀行に無断で利用するとのちのち問題になる可能性もあるので注意が必要です。

より良い融資を引き出すために

事前審査を複数の銀行に依頼して、条件面で競合させて、よりよい融資額、金利を引き出すこともできます。先に述べた通り金利が少し違うだけでも、手取り額は大きく異なる場合もあります。1棟だけでなく、これから先も買い続けるために、できるだけいい融資条件を引き出せるように交渉してみましょう。自分で難しければ、融資に詳しい売買の仲介担当者にお願いするのも手です。

また、銀行担当者に、よりいい融資を実現してもらうためには、資料をきちんと揃える、素早く提出するなど迷惑にならない対応を心がけること。銀行担当者も会社員ですので、成績のプラスに繋がるような支援（定期預金への預入、投資信託の購入など）も融資条件に結びつく可能性もあります。

融資を受けるための心得

どの銀行でも言えることですが、銀行は「投資」には融資してくれません。「投資」ではなく「事業」に融資するのです。ですから**銀行との対応では、絶対に「不動産投資」という言葉を使わないようにしましょう。**投資という言葉が出てきた時点で、融資してくれなくなる銀行もあります。あくまでも「不動産賃貸業」というビジネスをするための融資と心得てください。また、銀行は金利を払い続けてもらうことで利益を得ることができるので、できるだけ長く借り続けてほしいと思って融資期間を長くしてくれています。予定であっても、「数年後に売却するつもり」という話はしないようにしましょう。

また、自己資金を抑えようとして無理にフルローンを引こうとすると、手取り額が十分に取れる物件であればいいですが、収入に対して借入金返済の割合が高くなり、金利が大きく上がった場合に支払いが困難になることがあります。いざ売却しようとしても残債(借入残高)が多く残っていると、その金額に合わせて売却しなければならず、出口が狭まる可能性もありますので注意しましょう。

そして銀行融資で一番重要なこと、それは銀行の融資の方針はその時々で変わるということです。以前はどんな物件にでも融資していた銀行もありましたが、方針の変更で現在は木造築古や津波災害リスクのある土地の不動産には融資をしなくなったという例もあります。

各銀行の融資方針を把握して、自分の不動産投資のスタンスに合ったベストな銀行を選んでいくようにしましょう。

土地を先に購入する場合の資金計画

新築物件が中古物件と大きく異なるのは、物件の売買契約をしてから竣工まで半年間など時差があることです。建売の場合は竣工してからの決済なので、前払い金の支払いはありませんが、土地を購入して新築する場合、土地を決済した時点から借入返済が始まります。建物が完成していない収入の発生していない状態ですから、元金は据え置き、利息分だけを払い続けることになります。元金の支払いは賃貸収入がある程度発生してからになります。

建築工事が進むにつれて、建築会社にも建築費を分割払いしていきます。私の場合は4棟目の新築が建売ではなく条件付きの土地購入後、新築を建てるパターンでした。土地購入時に土地購入資金の融資を受け、建物の着工金の支払い時に、建物の建築資金をまとめて一括融資を受けて、そこから融資全額に対しての利息を払っていました。（建築費を支払うたびに、それぞれの金額を融資実行する分割融資という方法もあります。その場合は融資で支払いが発生するたび、金利部分が増えていきます。）

私が土地付きの4棟目の鉄骨造物件を購入したとき、竣工までの約8か月で支払った回数は5回です。総額に対しての割合も参考にしてください。

中古物件であれば、当月から家賃収入が見込めますがそうではないので、前払い利息も含め、竣工までにかかる費用をきちんと把握しておく必要があります。

前払い利息の支払いを抑えるためには、後で借りる建物の融資を多くするほうがいいので、私の場合は土地取得時に想定していた自己資金をすべて入れました。

図5-9

竣工までに5回も支払いがあった！

	日付	内容と総工事費の割合	摘要	
1	2013年 9月27日	土地の売買契約 建築契約 （4%）	▶土地代手付け金 ▶施工会社との建築契約（手付け金） ▶売買契約印紙代	
2	2013年 12月3日	土地決済 （34%）	▶土地残代金 ▶銀行融資印紙代 ▶土地の不動産仲介への仲介手数料 ▶融資手数料 ▶土地家屋調査士への建物滅失費用 ▶司法書士への土地登記費用 ほか	土地取得資金 借入利息支払い スタート
3	2013年 12月26日	建物着工金 支払い （20%）	▶銀行融資印紙代 ▶融資手数料 ▶施工会社への着手金（建築費の30%） ▶司法書士への抵当権設定報酬・登記費用 ほか	建物取得資金 借入利息支払い スタート
4	2014年 4月15日	建物上棟金支払い （20%）	▶施工会社への上棟金（建築費の30%）	
5	2014年 5月30日	建物竣工引渡し 決済 （22%）	▶施工会社への工事残代金（建築費の40%） ▶司法書士への建物所有権保存登記抵当権設定報酬・登記費用 ▶追加工事代・表示登記費用 ▶火災保険10年	

建売の場合は待っている期間が長いため、自己資金を決済までに使ってしまって、決済引渡しができないということにならないようお金の管理はきちんとしておきましょう。自己資金分を融資銀行の定期預金に預け入れしなければならない場合もあります。

第6章

私の購入した新築物件

この章では参考までに私が購入した物件をいくつかご紹介します。

新築2棟目
～人気の東急東横線、特急停車駅

物件データ
所在地　横浜市港北区　駅徒歩7分
木造2階建て／1Kロフト付全10戸／建売（売買契約から竣工まで8か月）
価格　8520万円　／利回り9・6％

土地勘があるエリアの新築情報が届いた！

この物件を売買契約したのは２０１１年11月。関西の高利回りの物件に懲りたので、新築物件に絞って、いろいろと業者さんを探し、関係を作っていたころです。関係構築のコツは第４章をみていただきたいのですが、買う気を見せて売買の不動産仲介と仲良くなり、そのうちの１つの業者さんから、物件紹介が届いたのです。

「五十嵐さんにご紹介したい未公開物件があるんです」

こんなお電話をいただき、そのあと、すぐにメールもいただきました。

その物件は実家近くでよく知っている場所でした。

東横線の特急も止まる駅から徒歩7分、さらに新幹線が停まる新横浜駅からも歩こうと思えば歩けるという利便性、さらに物件の造り自体は、天井も高くロフトもあって魅力的です。

ただしコンビニもなく、道中が暗いのです。駅の反対側は栄えていますが、物件所在地のある側は「ん～」と首をひねるところでした。

物件情報をいただいた翌日、売買の不動産仲介に電話をかけて、提案の利回りでは目標としていた手取り収入が得られないこと、物件周辺が閑散としすぎているなど気になった点を伝えて「今回は見送らせていただきます」とお伝えました。買わないのであれば、きちんと理由を伝えて断れば、次の物件につながるからです。

ところがその敏腕業者さんは、引き下がる気配がありません。

「査定では9%の表面利回りですが、9・5%ぐらいまでいけそうです。人気のあるエリアですし融資額も伸びそうです」と言われました。

利回りは0・5%上がれば、家賃収入に大きな差が出ます。

「……検討してみますね」

利回りで心が動いたというより、売買の不動産仲介の猛プッシュに半ば押される形で再検討に入った感じでした。

そして、すぐに物件の最寄り駅近くにある管理会社ほか、数社に電話をして急ぎで家賃の査定依頼をしました。

どの管理会社も、すぐに結果を知らせてくれて、みんな、はじめに売主業者が提示してきた家賃の価格よりも高く貸せるとのことでした。「2階なら各室1000円アップ」「礼金ゼロにするなら、全室1000円アップも○K」というように具体的な回答もありました。

知っている土地ということで、だいぶ厳しく見てしまったのかもしれない、思ったより悪くないかもと考え、次に融資を検討することにしました。

売買の不動産仲介がすでに物件評価を入手！

物件紹介を受けて2日目。売買の不動産仲介と電話で融資の相談です。

評価に必要な物件資料は、売買の不動産仲介がすでに銀行担当に渡してくれていました。私の属性資料なども事前に渡していたため、すぐに物件の評価と融資額が判明しました。

答えは物件価格８５２０万円のうち７９００万円の融資が可能。すなわち自己資金が1割以下で大丈夫というのです。さらにその売買の不動産仲介に資金計画書を送ってもらったところ「賃料は、最初の提示から全室５０００円アップでいけると思うので、それで作成しました」と強気のことを言われました。

全室５０００円もアップできるとは思えませんでしたが、物件購入は現実味が帯びてきました。とにかく自分の目で現地を確認をしてから最終的に購入の判断をしようと考えました。

現地確認で購入を決める

物件紹介を受けて3日目。ここで初めて現地まで足を運びました。

土地勘のある駅からではなく、新幹線の止まる新横浜駅からも徒歩圏内だったのでそこから現地まで歩いてみました。

しかし、新横浜駅から歩いても、住宅街でお店はほとんどなく平日昼間のせいか人通りもまばら。やっぱりコンビニはないし、1ルームに住むような若い人が入居してくれるのだろうか？　と思い、現地確認の後、地元の管理会社に「入居してもらうのは難しくないですか？」と聞いてみました。

するとそのうちの一つから「利便性も大切だけど、静かな場所に住みたいというニーズもけっこうあるんですよ」という回答をいただきました。

そうか、と、ここで「この物件はいけるかも！」という気持ちになりました。

「緑に囲まれた静かなところに住みたい人は、その居住空間で癒しを求めている」と、物件コンセプトが見えてきたからです。

物件ごとにコンセプトを決めるのが重要

私は会社を辞めて時間ができたこともあり、ビジネススクールに通ってビジネスの構築について学んでいましたが、そこで「コンセプト」の重要性を習いました。

お客様に商品を売るためには、「誰に売るのか」「何を売るのか」「競合優位性（自社独自の強み）」の3つの概念を固めることが大切で、そこがあやふやだとお客様の心には響かないというものでした。

それを習ってからは、自分の不動産事業に当てはめて考えるようになりました。物件ごとにコンセプトを決めれば全体的に統一感が出るし、何をプッシュしたいのか、どこがほかの新築物件と違うのかお客様にアピールできると思ったからです。

そこで、今回の物件は、次のようなコンセプトにしました。

「誰に」→20代後半から30代の単身者。静かなところで過ごしたい人
「何を」→閑静で緑が多く、癒しの得られるきれいな居住空間
「競合優位性」→全室ロフト付きで日当たり良好

「誰に」とは、ターゲットの設定にあたる部分ですが、ターゲットが広すぎるとたち

まちコンセプトがぼやけて誰が住んでもいい物件になってしまいます。内覧に来てくださったお客様の心に刺さる物件でなければ、今の賃貸事情では生き残れない。だから、なるべくターゲットは絞り、その人に向けてどんな部屋が提供できるのか考えました。

私は、それを追求するあまり、一時期「ガンダム物件みたいなユニークな物件があっても個性的で面白いかも」と、あらぬ方向に突っ走りそうになりました(笑)。

夫に相談したら、彼はガンダム好きだったのでかなり盛り上がってしまい、「シャー専用の部屋は赤いアクセントクロスで～♪」「セーラの部屋は女の子だからこれかな～♪」などとウキウキで部屋の内装を妄想……。

でも冷静になったら、一部のコアなお客様には刺さるかもしれませんが、賃貸市場でどれぐらい需要があるかわかりません。お客様も、ガンダムは好きだけど物件名などからオタクと思われたらイヤだと思う心理が働くかもしれません。

敏腕不動産仲介に相談したら、「そういうのは、築古になって入居付けが難しくなってからお願いします。ワンピース物件とか……」と言われて、やっぱりと思って断念しました。

ガンダム物件はやりすぎだったかもしれませんが、世の中にはビートルズ物件やウルトラマン物件はあるそうです。「誰のための」そして「ここにしかない物件」という考え方は同じような物件が溢れている賃貸市場で生き残るためにも、とても大切な考え方だと思います。

シミュレーションシートでもしっかりチェック！

現地を確認し、自宅に帰ってからは、その日のうちにシミュレーションシートで改めて手取り額などを確認しました。売買の不動産仲介からいただいた「資金計画書」の利回りは９・７％でしたが、それはやりすぎだと思ったので利回り９・５％と若干低めに設定して計算、それでも年間手取り額は約２１７万円出ることがわかりました。私は２００万円を一つのラインに考えているので、「これなら大丈夫だ」と思いました。

また、このとき売買の不動産仲介に出してもらった売却時のシミュレーションは、５年後に売却すると仮定して、５年間に１５００万円貯まり、売却時にはさらに２２００万円手元に残るので、合計３７００万円の利益になる。自己資金、約１０００万円分を引いても５年で２７００万円のプラスになるという試算が出ていました。

未公開情報を聞いてから16日目で売買契約

物件紹介を受けて4日目。シミュレーションで問題ないと判断したので、朝一番で買い付け申込書を売買の不動産仲介に送信しました。その後、数日して、R銀行の融資がほぼ確定しました。

その融資の内諾を得た後、売主業者と日時を調節し、手付け金300万円を用意、売買契約をしました。

売買の不動産仲介から、「未公開物件がありますよ」と教えていただいたのが11月上旬。それから現地に見に行ったりとちょうど16日目、2週間ちょっとで売買契約です。新築物件がいかに足が速いかわかると思います。

以後、翌年の2013年4月にかけて、外壁や内装の壁紙を選択し、管理会社を検討するなど慌ただしく動きました。

アクセントクロスで物件のコンセプトを強化

今回の物件は、「緑が多く静かなところが好きな人に、癒しの得られる空間」というコンセプトを強化したかったので、完成前にオプション料金を支払ってアクセントクロスを張ることにしました。

クロスとは壁紙のこと。アクセントクロスとは、部屋の壁の一部分に貼り、部屋のワンポイントになるようなクロスのことを指します。たとえば、グリーン系で優しい色合いのクロスを選ぶと、緑が多い、癒し、リラックスなどの雰囲気を演出することができます。

大家業を始めてから、クロスを扱っている会社のショールームでインテリアコーディネーターに相談できることを知りました。

実際にショールームに行ったら、壁に張ったときの雰囲気がよくわかりました。デジタルカタログや色見本を自宅で見るのとはまったく違うので、ぜひみなさんもショールームへ足を運ぶことをおすすめします。

この物件のときはカタログでだいたいの目安をつけてからショールームに出向き、

インテリアコーディネーターに相談しました。20～30代の単身者向けだったので、知り合いの20代の独身女子も連れて行って、その女性の意見も取り入れたり、数点に絞ったうえで管理会社担当者、売買の不動産仲介など男性にも相談しました。

1階を爽やかな緑にしたのは、安全上、女性は1階は避ける傾向にあるので、女性だけでなく、男性にも好感度の高そうな色ということで決めました。また2階は、女性受けしそうな柄でモダンな感じのアクセントクロスに決めました(写真参照)。

自分の主観だけでなく、入居者目線も意識して、第三者の意見を取り入れたことが成功の秘訣だと思います。私自身とても気に入っているし、お客様にも好評です！

家賃設定で教訓を得た！

こうして2011年11月に契約した2棟目の物件は8か月後の6月に竣工予定だったのでその前の2～3月にかけて管理会社を決め4月から入居者を募集することになりました。

家賃設定は、売買の不動産仲介の言う「全室5000円アップ」ではなく、数社の査定を参考に全室平均4800円アップになりました。物件購入後、すぐに満室にするために、「礼金0キャンペーン」を実施したり、前述の通り、アクセントクロスを導入するなどしてお客様に魅力的に見える物件を目指しました。

しかし、ここで思わぬアクシデントがありました。

7月までに10室中9室が決まりましたが、直後にご家族の都合で退去しなければならない方が出てしまい、以後、計2部屋がなかなか埋まらなかったのです。

最後まで埋まらなかったのが、201号室。本来なら、真っ先に埋まるはずの2階の角部屋でした。広さは、ほかの部屋とほとんど変わりません。

でも天井が斜めになっていて、そのせいで視覚的に部屋もロフトもほかの部屋より狭く感じてしまうようでした。

管理会社数社に査定を依頼したとき、201号室は2階の角部屋＝ほかの部屋よりも高い賃料設定でOKという回答だったので、私自身もそれに何の疑いも持ちませんでした。

今、思えば反省です。なぜなら、施主検査時に201号室に入ったとき「少し狭い」と思ったのです。部屋に入った瞬間に感じたあの感覚を見過ごさず、すぐに家賃の見直しをすべきでした。結局、1000円の減額交渉に応じてようやく埋まりました。最初から1000円ダウンにしていれば、もっと早く満室になっていたかも、と思います。

とはいっても、竣工から2か月で満室、さらに入居付けが難しいといわれる6月だったことを考慮すれば順調の範囲に入るかもしれません。

2～3月の人の出入りの激しい〝かきいれどき〟ではなかったことから、最寄り駅近辺で、のんびり物件を探すお客様が多かったので、お客様を募集する時期や、エリアを考慮して、それに合う戦略をもっと細かく立てていかなければいけないことを学びました。

そして、満室になったことで、実際の利回りは、9・6％になりました。最初に売買の不動産仲介の出してくれた利回りと大差ない数字が実現したのです。

新築3棟目~売れ残り物件を指値で購入、安い工夫で満室に！

物件データ

所在地　川崎市　最寄り駅徒歩4分　ターミナル駅からバス20分

木造2階建て／1K全12戸／建売（売買契約から竣工まで6か月）

価格　8980万円　／利回り9・4％

２０１３年４月、２棟目が竣工する予定の６月を待つ間、時間もできたので、新たに投資する物件を検討していこうと探し始めました。

ところが当時、新築物件の人気がうなぎ昇りで、情報が開示されて、ものの３分で買い付けが入る物件もあるほど競争が激しくなっていました。数社の売買の不動産仲介に物件を紹介してもらいましたが、手取り額があまり取れない、手取り額が出ても立地が悪い物件も多く、思うように購入できません。

そこでいったん初心に帰ろうとネットで検索してみたら、２か月前に売買の不動産仲介がメールで紹介してくれた物件が出てきたのです。

業者がメールしてくれたときは、間取りや利回りの悪さばかりが目につき即却下していましたが、現地をすぐに見に行くと、周辺環境は新しい戸建てが多く建ち並ぶ閑静なエリアでした。

またターミナル駅からバス便になってしまう距離ですが、バス停もコンビニも歩いて至近距離です。アパートに自転車やバイクが置ければ、大きなスーパーにも簡単に行けるし、悪くなさそう……と思いました。

そこで信頼する売買の不動産仲介に問い合わせたところ、まだ残っているとのこと。物件価格は売り出し当初は、９１６０万円。満室家賃収入の予測は８２４・４万円、利回り9・0％で、通常の年間の手取り額は180万円でした。

私の基準から外れていますし、利回りはもう少し出ないと厳しい。売買の不動産仲介からもっと高く貸せるはずと近くの物件の家賃設定を提示されましたが、まだ少し足りない……ただなにより、2か月以上も売れ残っている物件です。そこで、指値をすることにしました。

指値とは、物件の値引き交渉のこと。新築物件は、基本的に指値はできません。というより、指値せずとも売れていくことが多いのです。でも、この物件に限っては「指値はあり」と判断しました。1、2棟目と同じ売主業者の物件で、良好な関係を築いていることもあり、売買の不動産仲介に相談して300万円の値下げ交渉をしてみました。

売買の不動産仲介が売主に交渉したところ、180万円引きでなら、という連絡が来ました。

180万円引かれると、9160万円だった物件は8980万円。もう少し高く貸せるといわれて、満室家賃収入を852万円で、シミュレーションし直してみると、利回りは852万円÷8980万円＝約9・4％と当初から0・4％も上がりました。

さらに数日後、融資の物件評価の結果が出ました。

売買の不動産仲介は物件の値引き交渉だけでなく融資交渉も頑張ってくれました。購入額の92％にあたる８２００万円分の融資が実現したのです。金利も１・５％前後でいけそうということで、通常手取り額を計算しても年間２００万円は確保できることになりました。

新築なのに満室までに3か月かかった

当初懸念していた間取りの悪さとバス便で入居付けは難航するかもな……と思いましたが、予想通りというべきか、実際、９月に入居募集を開始して満室になったのは12月。約３か月かかってしまいました。

早く満室にしたい場合、最も簡単に入居付けできる可能性があるのは、周辺の家賃相場に合わせるか、低く設定することです。

でも、この周辺の相場は低すぎました。売買契約前は売買の不動産仲介の意見と、もう一つの管理会社での近隣物件家賃査定を参考に戸当たり６万円弱で収入を考えていました。けれど実際に管理をお願いするときに、別の管理会社複数社に家賃査定をしてもらったら、５万円台前半とかなり低く提示する業者もいました。

間取りが悪く、ターミナル駅からバス便だとしても、この家賃はあまりにも低い。なぜこんなに低くなるのか管理会社に聞いたところ、この周辺には新築アパートがたくさん建設されて12平米など狭小だけどデザイナーズ風におしゃれな内装にしている物件がいくつかあり、競合が多いこと、またどうしてもその相場に引きずられてしまうとのことでした。

12平米と19平米は本来、競合する物件ではないし、何より手取り額は200万円以上は死守することを考えると、譲歩しても5万円台後半でなければ無理です。管理会社の意見も聞きながら、最終的には5万円台後半から6万円台前半に設定しました。とはいえ結局、なかなか埋まらなかったということは、管理会社が提示した5万円台前半というのは妥当なラインだったということになります。

また、入居申し込みはあるのに、入居審査で落ちてしまうお客様もけっこういらっしゃったのも空室が埋まらない原因になってしまいました。エリアや家賃設定により申込者の属性もだいぶ変わるものだと実感しました。

それでも満室になったのは、ちょっとした工夫で20代のお客様好みのお部屋にしたことが吉と出たのだと思っています。

〝プチプラ〟作戦で、20代が住みたい！　と思う部屋作り

この物件は「20代が住みたくなるのはどんな部屋だろう？」とあれこれ考えて、予算の範囲内のプチプライスでできることをしてみよう！　と〝プチプラ作戦〟を実施しました。

玄関を入ってすぐの壁には、ＩＫＥＡのクネクネしたユニークな形のミラーを取り付けました。大家さん仲間で話題になっていたもので、１枚で５００円という激安のわりに、壁につけると部屋の見映えがグレードアップする優れものです。

これを購入し、暇を見つけては出向いて、今日は４室、明日は２室……という具合に、すべて自分で12室全部のミラーを付けました。電動ドリルが役に立たず、手仕事でドライバーでネジを入れていくことになり、けっこうな力が必要で、軍手を使わなかったので手が真っ赤になってしまいました。とはいえ、最後３室、３枚のミラーを設置する頃には淡々と落ち着いて素早く設置できました。

これが予想以上にかわいい！　ミラー一つで玄関先がおしゃれになったし、奥行きが出るので狭いスペースが広く見える効果も出たように思いました。

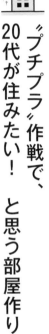

またミラーの近くの壁には、帰宅後、すぐにコートなどがかけられるように木目の3連ハンガーも取り付けました。さらにウォールステッカーも大活躍しました。葉柄のステッカーを貼るだけで大きなアクセントになり、ポップで明るい雰囲気の部屋になりました(写真参照)。

これらはIKEAや無印良品などで購入、ミラーは一つ500円、3連ハンガーは2500円、ウォールステッカーは2000円ぐらい。1部屋約5000円でおしゃれな空間作りを演出できたのはちょっとした自信になりました。

実はこのほかにも、別の物件で、自分でカッティングシートを貼ったり、土に防草シートを打ち込み防犯砂利を敷いたり……と、本当にいろんなことに挑戦しています。

第7章

新築物件をすぐに満室にするテクニック

竣工時期を考える

新築物件が完成し、いよいよ入居開始……の前に、確認したいことがあります。

それが、新築物件の竣工時期です。

入居付けも竣工時期によって状況が異なるので、管理会社と相談して家賃設定やキャンペーンなどの戦略をたてる必要があります。1~3月の賃貸市場の繁忙期であれば、少し強気の家賃設定も可能ですが、悪天候や人手不足で工事が遅れ4月以降の竣工……ということになってしまっては入居募集もままならないうえに家賃設定を見直さなければならない可能性もあります。

特に賃貸市場が閑散とする7~8月の前に完成する物件は、入居状況をみて家賃設定を変える、礼金0キャンペーンなどを行うといった細やかな配慮が必要です。

賃貸物件を検討する入居者の気持ちになって考えてみましょう。

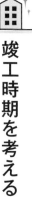

期間限定の礼金0キャンペーンを行う

広告料というのは、客付けのために必要なものです。通常は家賃の1か月分を客付け業者に支払います。

広告料の出どころは、通常は入居者からいただく礼金1か月分です。礼金はオーナーに払っているように見えますが、実は仲介手数料を払っている客付け業者に払っているわけです。

私の場合は、入居促進のため期間限定の礼金0キャンペーンを実施することが多いので、礼金から支払うことができません。その場合は、家賃の最初の1か月分を充てています。

広告料を1か月から2か月に上げると客付けに張り切ってくれる業者が増えますし、すぐに入居者は決まる傾向にあります。でも、新築物件に限っては、むやみやたらに広告料を多く出す必要はないというのが私の考えです。それよりも入居者に直接アピールできるような「今月末までに入居を決めれば礼金0」といったキャンペーンのほうが効果的だと思います。

図7-2
管理会社、客付け業者、オーナーの関係

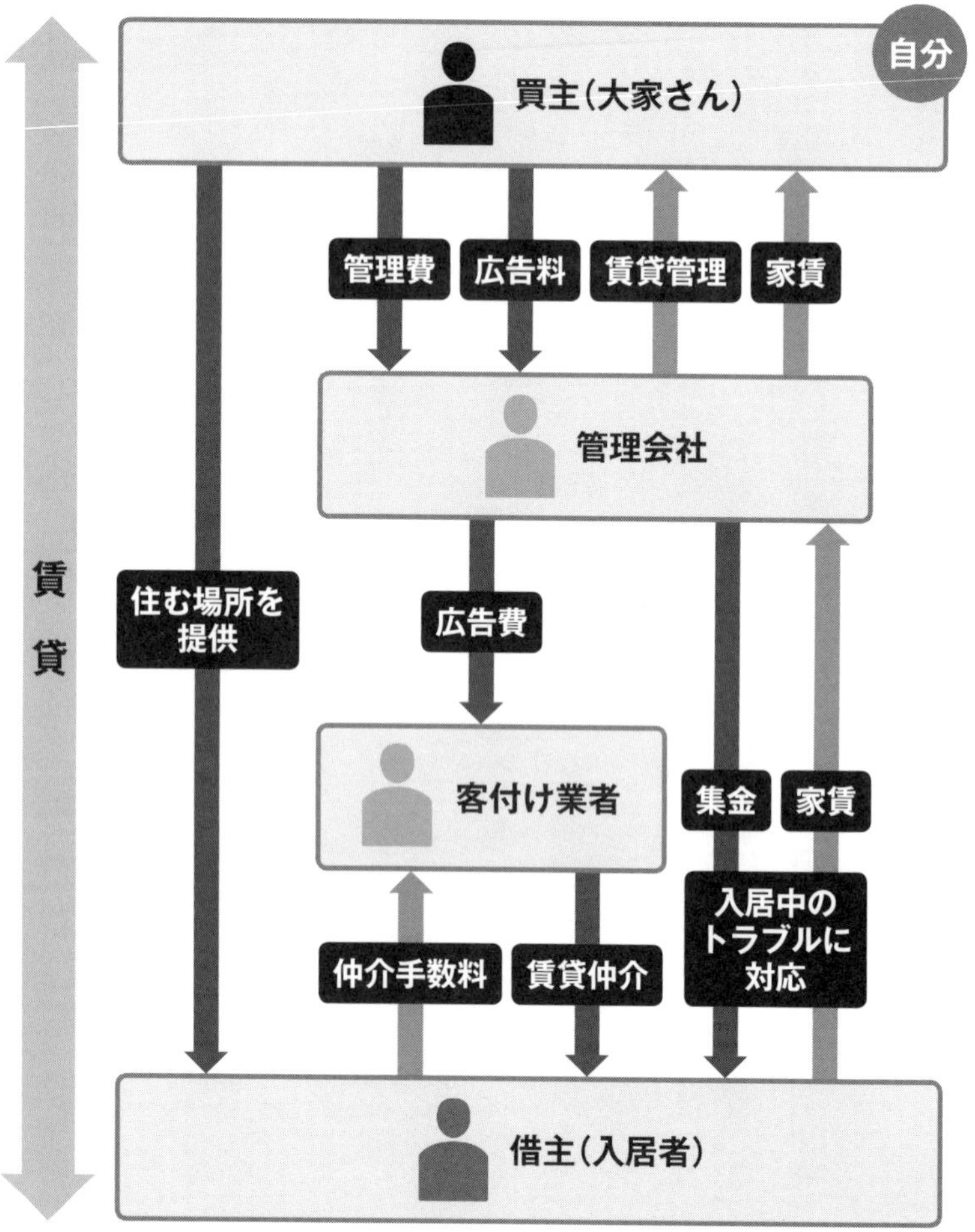

新築物件をすぐに満室にする方法〜その①
モデルルーム大作戦

私は、内覧に来るお客様のためにモデルルームを作っています。

といっても大掛かりなものではなく、ＩＫＥＡなど安くてかわいいお店で家具や雑貨などを購入し、「この部屋で生活したらどんな感じになるのかな？」というイメージが湧くように作っていきます（口絵参照）。

たとえば、リビングにはラグを敷いて、クッションを置く。ラグの上にテーブルを置いて人工観葉植物などをセットする。物件の雰囲気に合うカーテンや照明をつけるといった程度です。いわば〝簡易モデルルーム〟です。

でも、このモデルルームがあるとなしとでは、お客様の反応はまったく違います。モデルルームになっている部屋をのぞいた時点で「この部屋に住みたいです！」と即決してくださることもあり、確実に成約率に影響していると思います。賃貸住宅でこうしてモデルルームを作る大家さんは少ないのか、賃貸の不動産仲介には喜ばれたり驚かれたりしますが、自分が借りる立場なら、あったほうがいいですよね。

新築物件の場合、施工会社にお願いして、そのモデルルームの部屋の一戸だけ、竣工前に早めに仕上げてもらい、実施しています。

この作業は、私自身、「20代~30代で1人暮らしだったら、この部屋でどんなふうに過ごしたいかな?」とあれこれ想像しながらモデルルームを作るので、とても楽しいです。

最近は、都内などに北欧雑貨の安いお店などもあります。暇があればそういうお店をのぞいては、「あの部屋に合うかな?」「モデルルームの玄関先にあったらかわいいかも」などと完全に大家目線で、安いけれど、お部屋のムードをアップしてくれそうなお役立ちの雑貨を物色しています。

新築物件をすぐに満室にする方法~その②
自動販売機の設置で無料インターネットを導入

ここ2~3年で、「入居者インターネット無料」をよく見かけます。

なかでも私が目をつけていた、Ｗｉ－Ｆｉを搭載した自動販売機。自販機を設置した周辺でインターネットが使えるというものです。オーナーの負担なしで無料にできるのでメリットは大きいです。

大家さん同士で交流するなかで、Ｃ社の自販機がいいよと聞いていたので、４棟目の物件で交渉してみました。

C社は、Wi-Fi付きの自販機は取り扱っておらず、故障の責任も取れないとのこと。でも自販機の収入の代わりに、大家が契約したインターネット無料設備の料金を全額負担してくれるとのことで話がまとまりました。駅から徒歩5分の商店街沿いで接道の幅員も広く人通りもあるところ、物件の近くにC社の自販機がなかったのもよかったようです。

最近、都市ガスではなくプロパンガスの賃貸物件が増えているのですが、これは、プロパンガスを導入する代わりに、そのプロパンガスの業者さんが給湯器やエアコンの設備代を負担してくれる契約。業者さんはそうやって契約を取り、そこから毎月の使用料収入で元を取るというしくみです。

その原理と同じで、C社の自販機設置は、インターネットの無料に限定せずとも、駐車場に置かせてもらう代わりに駐車場設備代を負担したりといった費用負担と引き換えにもできるそうです。そしてオーナーには月々の電気代が発生します。

大家さん、お客様双方にメリットのあるこうしたシステムは積極的に活用したいですよね。実際、「インターネット無料」という、うたい文句は、お客様を惹きつける十分な理由の一つになっています。また、自販機が設置できなくても、戸数によっては

ＮＴＴが無料でＷｉ－Ｆｉ設備を設置してくれる場合もあります。

大家同士の情報交換で〝感度〟を磨く

私は、女性不動産投資家や女性大家さんと交流を深めたいと思い、エレガントオーナーズ(Elegant Owners)を立ち上げました。現在までに20回以上開催しています。

実際、会を主宰してみて、自分の購入した物件話を気兼ねなく話せる楽しさを実感しただけでなく、売買の不動産仲介について、管理会社について、入居者についてさまざまな情報交換ができ、改善点が見えたり、満室経営のヒントを得たり、不動産事情の〝今〟も体感できるなどメリットがたくさんありました。男性はサラリーマン大家さんが圧倒的に多いですが、女性は働きながら子育てしているママもいれば、子育てに専念しているママ、若い独身のＯＬさんもいれば、今までずっと頑張ってきた独身のキャリアウーマンもいます。また一人で頑張って生計を立て、お子さんを育てているシングルマザーもいらっしゃり、ライフスタイルや属性が本当にさまざまで、そんな中でも、皆様が自分にあった不動産投資を模索し、頑張っていらっしゃいます。

横のつながりがたくさんできると情報交換し合える人がふえて、孤独になりがちな不動産投資にも励みが出てくるし、わからないところは助け合えます。

これから不動産投資を始める人も、今お一人で頑張っていらっしゃる方も、ぜひ投資家や大家さんの会などに参加し、交流を深めることをおすすめします。

おわりに

最後に不動産投資で成功するために、みなさんに知っておいてほしい「7つの鍵」をお伝えしたいと思います。

1 人生の優先順位を決める

不動産投資で得られるものは「お金」と「土地建物という資産」ですが、それらはみなさんが本当に得たい「将来の幸せ」のための手段であると思います。

私がなぜ不動産投資をしているのか？　それは、家族との幸せを実現するためです。本書でも書きましたが、私はずっと忙しく働いていました。しかし、家族との幸せのためには経済的な自立が必要で、経済的な自立をするためにはお金が必要で、お金を自分自身でなく、資産が稼いでくれれば、自由な時間も得ることができると、気づいたのがきっかけです。

自由なお金と時間ができれば、自分にも子供にも無理強いして働く必要もなくなり、家族がハッピーになるためにその時間やお金を使うことができるようになります。

不動産投資をして、本当に良かったこと。それは「家族を大切にできる」ようになったことです。

不動産投資の成功が目標ではなく、自分自身が「本当に得たい幸せ」は何なのか？それを目標にして、その幸せを得るために、今自分が何をすべきなのか？　不動産投資をどのように進めていけばいいのか？　人生の優先順位を考えてみてください。

② 目標は期限を決めて立てる

人生の優先順位が決まったら、そこにたどり着くまでにこなさなければならない一つ一つの目標の期限を決めます。はっきりとした期限を意識することで、そこまでにやらなければという意識が働いて、実現できる可能性が高まります。

③ メンターを見つける

自分が目標とする人、こんな成功者になりたいと思える人を見つけてください。そしてその人が成功するためにしていることを真似てみてください。学ぶという言葉は真似るが語源だと言われています。真似ることで、その成功者が苦労してきた経験を経ることなく、あなた自身も成功者に近づくことができます。我流でなく素直な気持ちで取り組めば、必ず成果を得ることができるはずです。

④ レベルの高い仲間を作る

不動産投資で成功している方はたくさんいらっしゃいます。自分よりも成功している、実践している方々と一緒にいることで、その方たちに引き上げられて、自分自身の知識やマインドもレベルアップできます。モチベーションの低い仲間といるよりも、モチベーションが高く成功したいという意識の高い仲間に囲まれていることがご自身の行動力につながるはずです。

⑤ 人と比べない

ほかの人がたくさんの物件を買えていたり、金額の高い物件を買っていると、買えない自分に焦る方もいらっしゃるかもしれません。しかし人と比べて落ち込んでもいいことはありません。不動産は一つとして同じものはなく、一人ひとり、それぞれにあった不動産投資があるはずです。今は買えなくても、チャンスが来たときのために備えて、1冊の本の勉強だけで自分の投資方法を決めるのではなく、たくさんの本を読んで、いろいろな方のお話を聞いて、ご自身の不動産投資ができるように頑張ってください。

6 失敗は成功の元

不動産にはいろいろなトラブルがあり、失敗したと思うときもあるかもしれません。私も最初に購入した物件ではさまざまな経験をしました。でもその失敗があるからこそ、今の自分ができる新築という不動産投資にたどり着くことができました。失敗は成功のもとです。失敗の経験を糧にして、学びにして、みなさんの不動産投資の成功に繋げてください。

7 ご縁を大切に。感謝の気持ちを常に持つ

人が人に与えたものは必ず自分に返ってくるそうです。返ってくるときはその人からでない場合もあります。不動産賃貸業というビジネスは売主さん、売買の不動産仲介、銀行担当者、管理会社、賃貸の不動産仲介、入居者……すべて人で成り立っています。人と人とのご縁を大切にすること、感謝の気持ちで接することが、より良い情報を得られたり、素晴らしい方とご縁が繋がったり、いい物件に巡り会えたり、素敵な入居者を付けてくださったり、いいことに繋がります。

ありがとうの気持ちがありがとうで返ってきたらとても幸せですよね。自分だけが幸せになるのではなく、自分とかかわり合う方たちみんなが幸せになるような不動産投資を考えてみてください。

私がお伝えしたいことは以上です。この度はこの本を手にとって下さりありがとうございました。心より感謝申し上げます。

私が小さい頃、サラリーマン大家であった父はいつも朝から晩まで働き、あまり会えませんでした。たまの休日はアパートの管理をする父に付き合い、妹と二人、暗い車の中でじっと父を待ち続けたこともありました。

そして今は亡き私の両親はとても仲が悪かったのです。

母からいつも聞かされる父の悪口に、いつしか自分も父を見下すようになっていました。そして、そんな母とも、私は折り合いが悪く「あなたなんか産まなければ良かった」、幼い弟の前で「三人も子供産むんじゃなかった」などとぶつけられる言葉に、いつしか母も嫌いになっていました。

自分はいつも誰からも愛されていないと思っていました。

自分はいらない人間だと思っていました。

中学時代は自殺も考え、喧嘩して母の心を傷つけたこともありました。

結婚を機に母とは仲直りしましたが、母に愛されていない気持ちは子供を産んでもなお、ずっと残っていました。


父が亡くなって、親孝行できなかったこと、感謝の気持ちを伝えられなかったことを後悔しました。父が亡くなって、私以上に落ち込んでいる母を助けようとしました。

しかし、そのときある人に言われたのです。

「まずは、あなた自身が幸せでなければ、ほかの人を幸せにすることはできないよ。幸せじゃない人が誰かを幸せにできる?」と。


それから私は考え方が変わりました。自分が幸せになることを1番に考えるようになりました。会社をやめて独立して、不動産投資を始めていろんなセミナーに参加しました。そして、成功している人は愛であふれていることを知りました。

不動産投資を始めて、父がサラリーマンをしながら家族のために頑張って不動産を増やしてきたこと、そして賃貸経営の苦労も知りました。父を亡くして不安な母に、老後のためのアパート収入を作ることができました。ちいさい子供たちが具合の悪いときに休ませてあげられるようになりました。家族との時間を大切にできるようになりました。

みなさんもぜひご自身を大切になさってください。そして、不動産投資で自分の大切な方と一緒に幸せになってください。

みなさんが成功するための第一歩のお手伝いができたら、こんなに嬉しいことはありません。

この本を執筆するにあたり、ご尽力くださった編集担当の木村香代さま、三浦たみさま、出版のアドバイスをくださった河田康則さま、井上博資さま、信頼する不動産仲介・株式会社フットワーク久保知啓さま、株式会社藤和エンジニアリングさま、管理会社の皆様、ご意見・応援くださった皆様、支えてくれた家族に心より感謝申し上げます。

2015年1月吉日

五十嵐　未帆

「物件購入シミュレーションシート」を特別にプレゼントいたします

すぐに使える！
「物件購入シミュレーションシート」の
ダウンロードはこちら
http://1drv.ms/1KDAlVd

ぜひご活用ください

［著者］

五十嵐未帆（いがらし・みほ）

女性不動産投資家・女性大家さんのための交流会エレガントオーナーズ主宰、財務コンサルタント、ファイナンシャルプランナーCFP

大学時代に簿記・会計を学び、商社にて５年間経理として勤める傍ら、将来の相続に備えてファイナンシャルプランナーCFPを取得。その後、起業支援を主とする財務コンサルタントに転職。多くの起業経営とファイナンスに携わり飲食店、IT、不動産オーナーなどの財務、税務、登記をこなす。

長女出産と同時期に実父が事故で急逝し、築古アパートの大家となる。自主管理の苦労も経験。その後会社を退職し、専業大家として、最初に購入した地方高利回りの中古物件を失敗したのをきっかけに、手間がかからずキャッシュが残る新築アパートを買い進める投資スタイルを確立。２年半の間に収益物件５棟（うち４棟が新築）購入、年間収入約4000万円（手取り額は1800万円）。現在は６棟57室を管理する子育てママさんオーナー。

買うだけ、かんたん！

主婦の私でもできた月収130万円「新築アパート」投資法

2015年１月29日　第１刷発行

著　者——五十嵐未帆

発行所——ダイヤモンド社

〒150-8409　東京都渋谷区神宮前6-12-17

http://www.diamond.co.jp/

電話／03･5778･7234（編集）　03･5778･7240（販売）

装丁･本文デザイン——大谷昌稔（パワーハウス）

製作進行——ダイヤモンド・グラフィック社

印刷————勇進印刷（本文）・慶昌堂印刷（カバー）

製本————川島製本所

編集協力——三浦たまみ

編集担当——木村香代

ISBN 978-4-478-02887-2

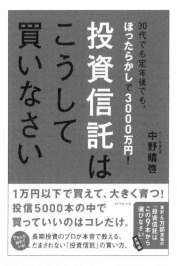

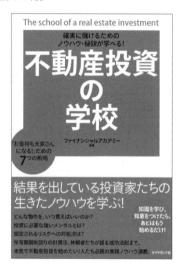